【図解】資産をガッチリ増やす！

超かんたん「スマホ」株式投資術

矢久仁史
Hitoshi Yaku

彩図社

【はじめに】
株式投資の主役はスマートフォンの時代！

かつて、株式の売買をしたいと思ったら、証券口座を開設している証券会社の営業マンに電話して、「この銘柄を買いたい」「この銘柄を売りたい」と指示を出すものでした。

株を買いたい場合、購入資金は、銀行のATMから画面を操作して、証券会社の口座の方へ送金しました。情報を収集するのは、主にマネー雑誌と『四季報』。そしてテレビの経済ニュース。証券会社の営業マンと話して、「有望な銘柄はないか」と投資のネタを集めたりしたものです。

その後、テクノロジーの進化によってインターネットが登場し、株式投資は自宅のPCからオンラインでトレードするものへ発展していきました。そして現在では、iPhoneやAndroid端末の普及によって、株式の売買は、スマホを使用して実行する時代となっています。

通勤電車の中、お昼休みの時間、コーヒータイム、気になったら、すぐにポケットからスマホを取り出して、知りたい情報を確認することができます。アプリを起動させ、「お気に入り」に登録してある銘柄の株価をチェック。チャートを確認して、いくつかの指標をチェック。今が売り時だと判断したなら、スマホの画面をタップするだけで注文が発注され、売買が成立します。

株価は取引時間中、常に変動し続けますから、株式のトレードはタイミングが何より重要です。デスクトップのPCは、自宅や会社、ネットカフェなどでしか使えません。でも、スマホならば出先でリアルタイムで快適な株式売買が可能です。

その会社の株は、本当に投資する価値のある魅力的な銘柄なのか？

そのことを知るための財務指標などの基本情報も、アプリから簡単に閲覧可能です。

また、ネット証券各社が提供している株式投資アプリには、「スクリーニング」という、株式市場に上場している企業から、特定の条件に適合した企業を選別してくれる機能もあります。

２０２２年４月、従来の「東証一部」「東証二部」「ＪＡＳＤＡＱ」「マザーズ」の４つの市場区分が、「プライム」「スタンダード」「グロース」の３つの市場区分へ再編成されました。「スクリーニング」の機能を使えば、あなたが望む条件にマッチした銘柄を東証の３つの市場ばかりでなく、名証、札証、福証など日本の各地の証券取引所から、瞬時に選び出してくれます。

日本を取り巻く世界の情勢は、刻々と変化していきます。ひとつの衝撃的なニュースが、株式市場全体の暴騰や暴落をもたらすことだって珍しくはありません。そんなニュースをチェックし損ねたことで、「せっかくのチャンスを見過ごしてしまった」「思わぬ損失を被ってしまった」、そんなことにならないよう、常に情報を確認し続けることは、株式投資にとって本当に重要なことです。ここでも、スマホならば外出先であっても簡単にニュースの閲覧が可能です。

「今、世界で何が起こっているのか？」

それをリアルタイムで認識して、的確な売買のタイミングを計ることができるわけです。

これから株式投資を始めたい。株をやってみたいけど、難しそう。

スマホみたいなちっぽけな電子端末で、お金のやり取りができるの？

そんなお考えの方たちに本書をお読みいただき、気軽に株式投資の世界に足を踏み入れていただけたらと思います。

資産をガッチリ増やす！

【図解】超かんたん「スマホ」株式投資術　目次

【第一章】

投資の主役は間違いなくスマホになる

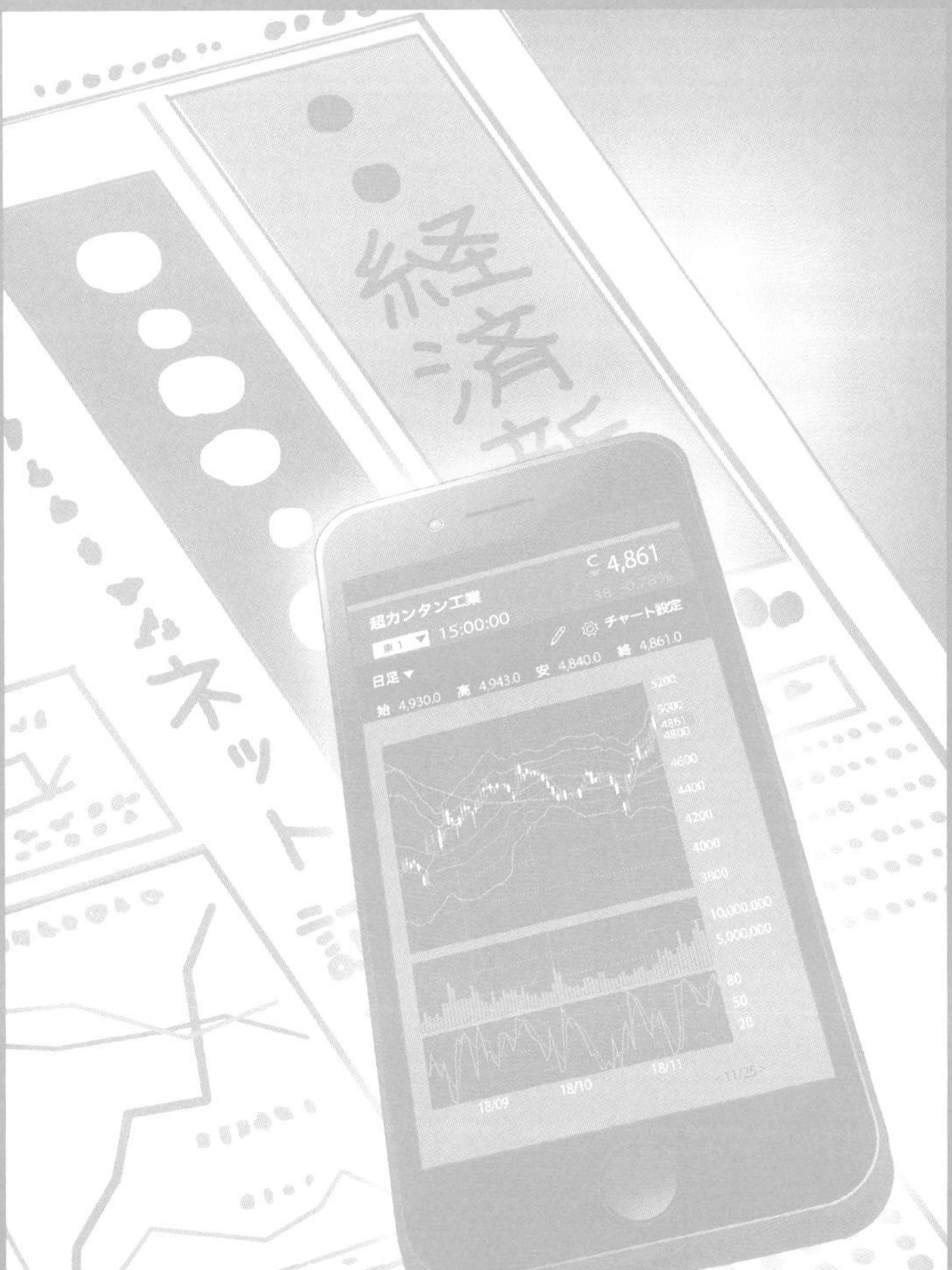

投資の主役はスマホになる！
その01

1日15分、満員電車の中でもOK！ スマホ投資ならゲーム感覚でできる

どこでも使える モビリティが利点！

かつて株式取引は、証券会社に実際に赴く、あるいは電話をかけて銘柄の売買の指示を出すことが普通でした。

しかし、インターネットの発達とともに、個人投資家の間ではPCを使った取引が当たり前となっていきました。最近では、専用のアプリを使用することで、スマートフォンが株式売買のツールとして急浮上しています。

現代人にとって、スマートフォンはいまや必須のアイテムになっています。その強みは何といっても、モビリティ（可動性、機動性）です。

スマホならば、たとえ満員電車の中でも、ランチタイム中でも、休暇旅行中でも、思い立ったらポケットからさっと取り出して株価をチェックしたり、株を売買できます。時間もぐっと節約でき、1回5分、1日15分もあれば充分に株式取引できるのです。

思い立ったら即実行、取引チャンスを逃さない

スマホの利点は他にもあります。たとえば、素早く最新のニュースを閲覧できることなどもそうでしょう。株価に影響を与えそうな事件が発生したら、スマホで即座にチェック。「ここは買い時！　ここは売り時！」そう判断したら、スマホを使ってその場で売買の指示を出せるわけですから、チャンスを逃しません。

また、売買のタイミングを通知してくれるのも、スマホの利点です。「保有している株が、何円まで上がったら、あるいは下がったら、知らせて」と、アプリにアラート（警報）設定をしておけば、買いたい値段、売りたい値段になったらスマホがプッシュ通知で教えてくれます。

そのほか、銀行のネットバンキングを活用すれば、スマホで銀行口座から証券口座への入金が可能。チャンスを逃しません。もちろん、株で儲けたお金を銀行口座へ戻すのも、スマホひとつでOKです。

スマホ投資は便利で楽ちん！

スマホ投資は時間と場所を選ばない

満員電車の中

ランチ中

海外旅行中

スマホ投資なら、1回5分、1日15分で
いつでもどこでも投資が可能！

スマホ投資はとにかく便利

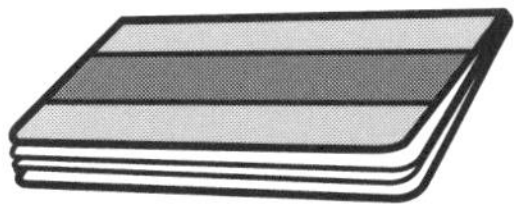

アラート機能	自動売買	入金、出金
株価の変動や重要なニュースをプッシュ通知で教えてくれる。	仕事中、遊び中でも機械的に処理してくれる。	ネットバンキングを利用すれば出入金をスマホで処理できる。

スマホ投資なら・・・
投資のチャンスを逃さない！

投資の主役はスマホになる！
その02

株の値動きから、経済ニュース、掲示板まで…
投資に必要な情報はスマホで入手！

情報はネットを通じて手に入れる時代

インターネットが普及する前、株価をチェックしようと思ったら、頼れるのは新聞でした。

東京証券取引所で扱われる主要銘柄ならば、朝刊の株式欄に前日の終値が掲載されていました。株式市場全体を展望したいと思ったら、頼りになるのは、「四季報」以外、存在しないといっても過言ではありませんでした。

しかし、いまや株式投資に必要な情報は、すべてネットで入手できます。

ポータルサイトの「Yahoo!」をウィジェットとして、スマホ画面に配置している人は多いと思いますが、メニューの画面から、「Yahoo! ファイナンス」へ飛ぶことができます。「Yahoo! ファイナンス」は、個別銘柄の値動きを表すチャート、日経平均株価・ＮＹダウ・上海総合など主要指標、為替レート、株の値上がり率・値下がり率・出来高・検索率などのランキング、経済ニュース、企業情報、スクリーニング機能、「プロが選ぶチャンス銘柄」、個人投資家が情報交換する「掲示板」まで、充実した内容を誇っています。

かんたん、便利で万能！頼りになる無料アプリ

証券会社は、個人投資家に向けて、スマートフォン用の株式投資アプリを提供しています。

様々なものがありますが、本書では初心者でも使いやすい楽天証券のスマホ用アプリ、「ｉＳＰＥＥＤ」を主に例にあげて説明していきます。

「ｉＳＰＥＥＤ」では、もちろん、チャートで銘柄の値動きや板情報で価格別の注文数を見ることができます。各社が提供するＩＲ情報をＰＤＦで読むこともできます。また、本来有料である「四季報」や日経新聞の一部記事を読むこともできます。

必要な情報は満員電車の中でも、飲み会の最中でも、トイレの中でも手にできる時代です。まずはこの情報に慣れることが必要だともいえます。

スマートフォンひとつで必要な情報はすべて手に入る！

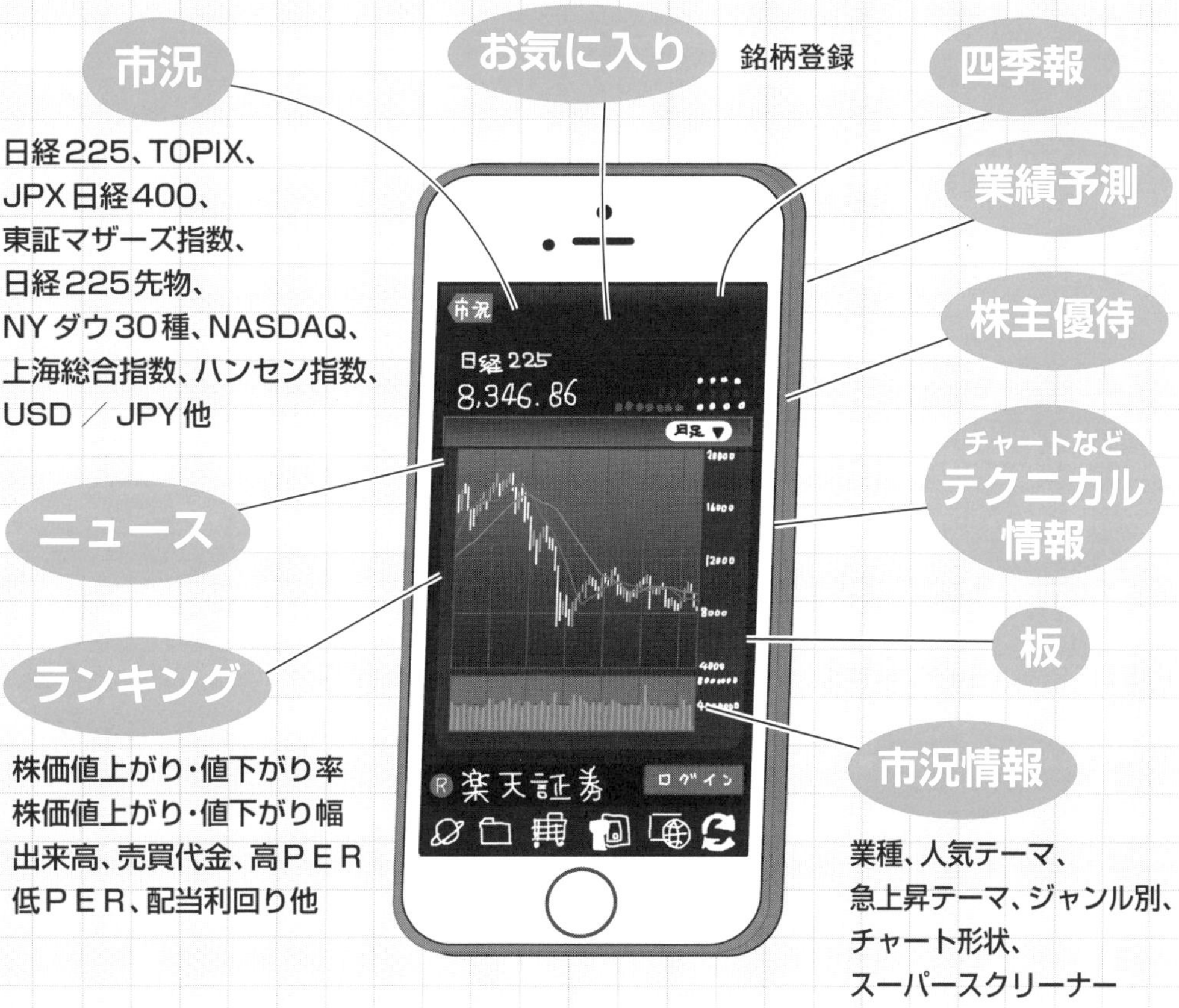

口座管理も入出金管理もラクラク
スマホで資産管理はバッチリ

楽天証券のアプリ「iＳＰＥＥＤ」では、「総合サマリー」という項目で、日本株や米国株をどれだけ保有しているか、預り金はいかほどになっているかを確認することができます。

もし、あなたが日本株や米国株に買い注文を出し、それが成立したら、総合サマリーを開けば、保有している日本株や米国株の資産額が瞬時に増加しています。一方、預り金を使ったため、現金の資産額がすぐ減少しているはずです。

このようにスマホで、現在の保有資産・注文状況を確認することが瞬時にできるのでとても便利です。

証券会社によっては、日本株のほか、外国株、投資信託、債券、ＦＸなどの投資に対応しているところもあります。

「iSPEED」の総合サマリー画面

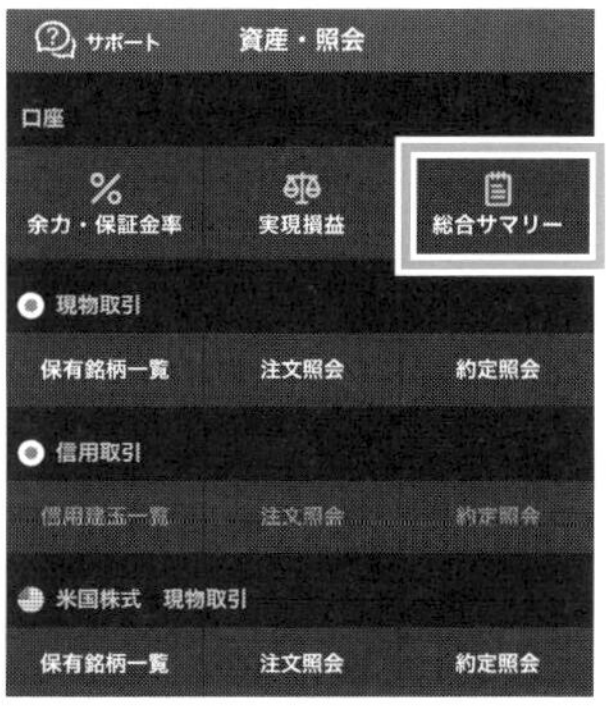

楽天証券のアプリ「iSPEED」ではここから資産一覧を見られます。

投資の主役はスマホになる！ その03

「株式取引」の仕組みを知ろう！

投資家と証券取引所を繋ぐブローカー

投資の前の素朴な疑問、そもそも「株式」って何？

ある会社が新しい事業を始めるとしましょう。その時、必要になるのは何でしょうか？　いうまでもなく、事業資金ですね。

その事業資金を会社が自社だけで賄えないとしたら、お金を集めなくてはなりません。そのお金を集める方法として、2つのやり方があります。ひとつは、銀行などの金融機関からお金を融資してもらう「間接金融」。そしてもうひとつが、投資家から直接お金を募集する「直接金融」です。

直接金融は、証券会社を通じて投資家たちから資金を集めます。その時、会社がお金を出してくれた人に対して発行する証明書が「株式」なのです。

投資家と証券取引所を取り持つ証券会社

あなたが株を買ったり、売ったりしたいと思ったら、証券会社に「買い注文」「売り注文」を出します。あなたの注文は、証券会社を通じて証券取引所に送られ、買値と売値がマッチして売買が成立すれば、取引成功ということになります。

つまり、証券会社は、手数料をもらって、投資家であるあなたと証券取引所を仲介するブローカーの役目を果たしているわけです。

証券会社には、機関投資家も顧客とする大手証券から、個人投資家に主力を置く中堅証券、最近ではネットに特化したネット証券など、様々な業態があります。店舗を構え、従来型の対面販売方式をとる証券会社は、顧客と綿密なコミュニケーションをとるやり方をしています。これに対して、ネット証券などはメールでニュースを配信する程度で、具体的な銘柄の推奨などはしないのが普通です。

株は取引額によって手数料が異なります。株を売買するときの金額、取引の頻度をよく考えて、証券会社を選びましょう。

※本稿の「株式」は株式上場している会社の株を指す。

「株式」は企業が出資してくれた投資家に発行する証券

■直接金融と間接金融

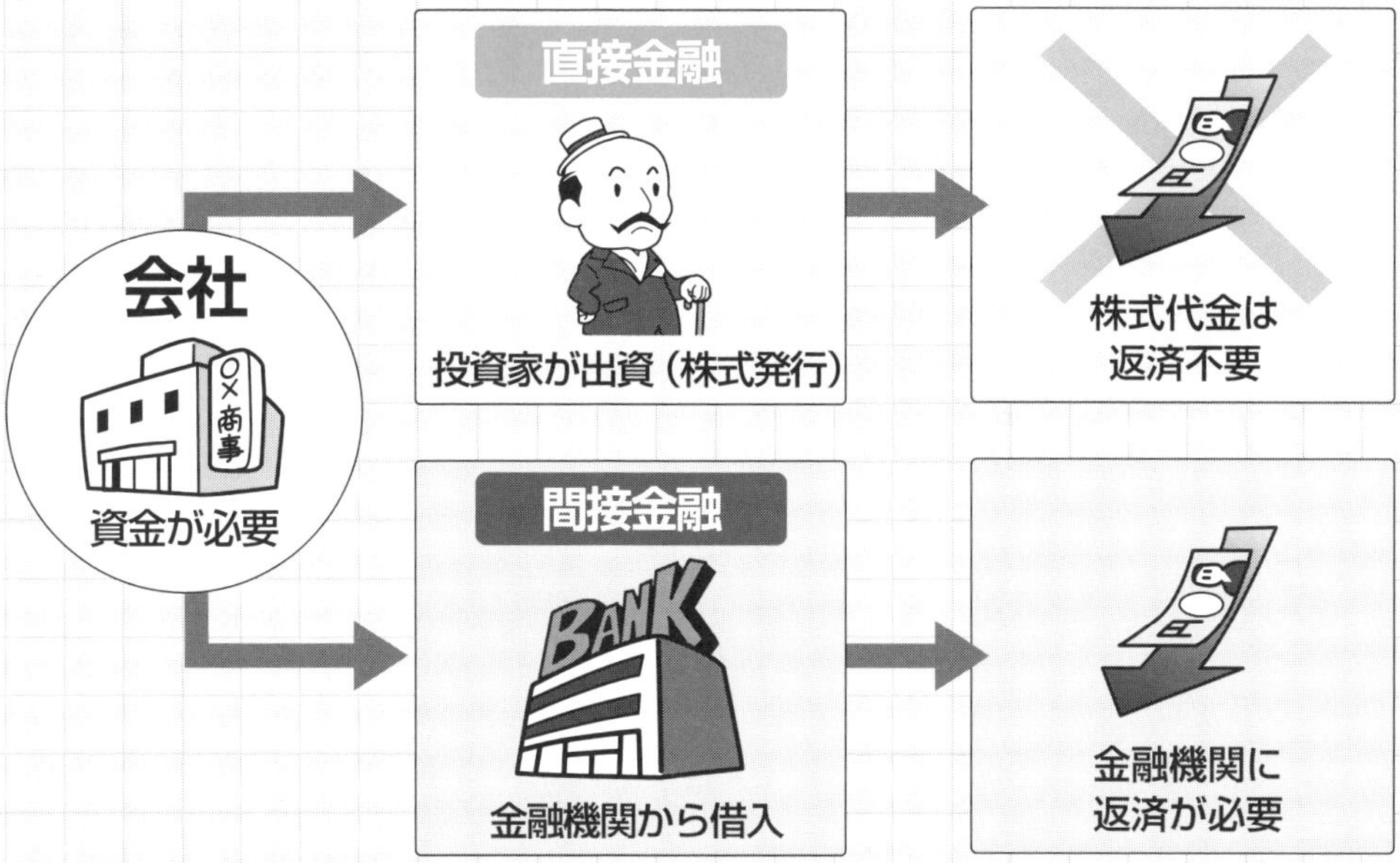

■株式取引の大まかな流れ

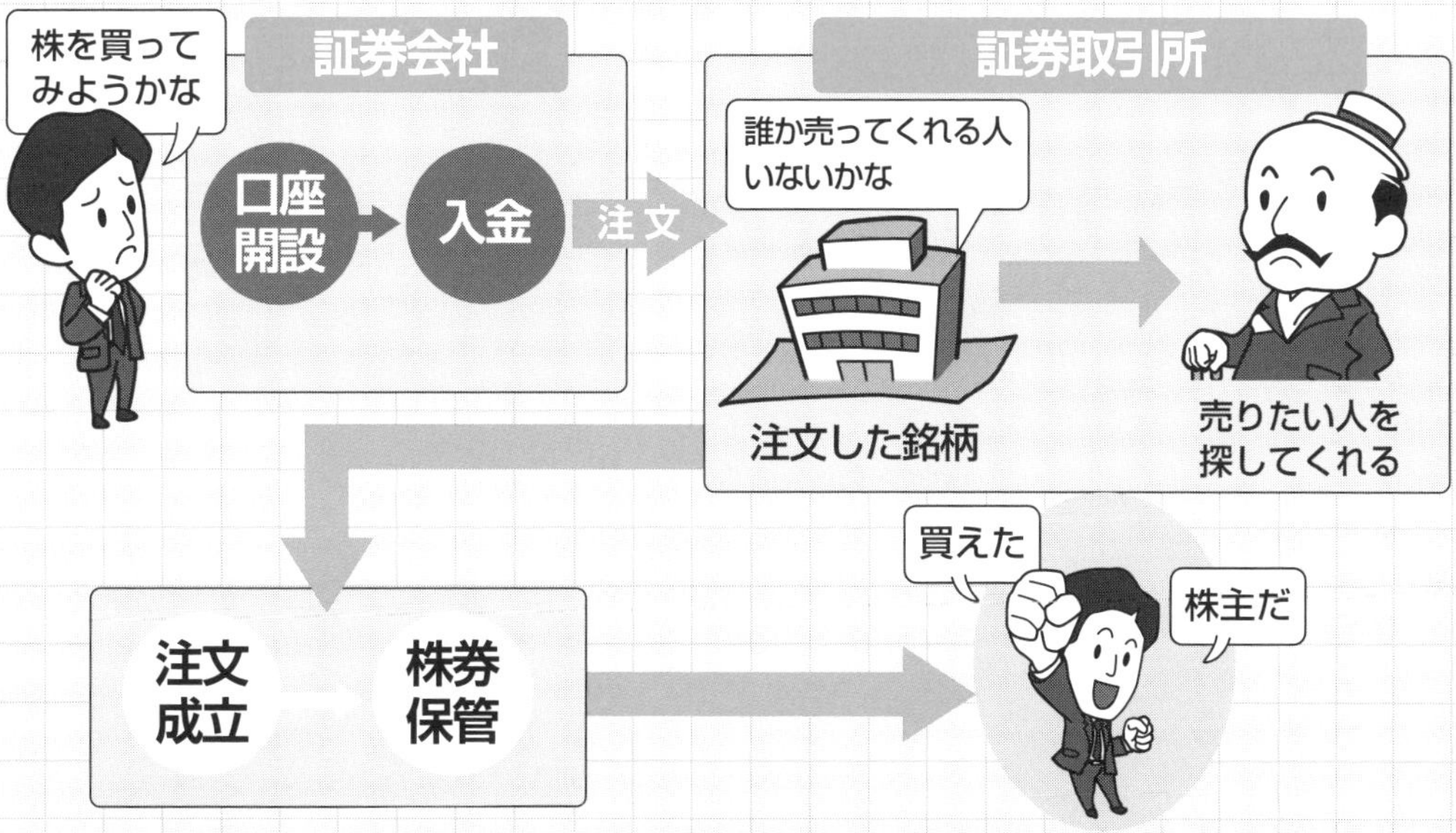

投資の主役はスマホになる！ その04

値上がり益、配当、株主優待が三大メリット！「株で儲かる」ってどういうこと？

株を保有するメリットは大きく分けて3つある！

株式投資によって、お金を増やすための基本の基本は、ずばり「株を安く買って、高く売る」です。

1000円で買った株が、1500円で転売できたら、500円の儲け。この値上がり益を「キャピタルゲイン」といいます。

また、株には「配当」と「株主優待」という魅力的なおまけがついてきます。「配当」は、業績が上がった時、株主に利益の一部を還元するもの。たとえ、所有している株の総額の2～3%の金額であっても、この超低金利の時代、悪くない収入になるはずです。これを「インカムゲイン」といいます。さらに株主は、企業から自社商品やサービスなどの株主優待を受けられることもあります。

「値上がり益」「配当」「株主優待」、これが株取引の三大メリットです。

株価はなぜ動く？その仕組みを解説

そもそも、なぜ株価は上昇したり、下落したりするのでしょうか？

株の人気を測るバロメーターは、その会社の業績そのものではなく、業績の予想であったりします。業績の予想が高ければ、投資家たちの期待がふくらみ、その会社の株が買われて株価は上昇します。逆に予想が芳しくないものであったなら投資家たちは不安に陥ってしまい、市場で株が売られ、株価は下落することになります。

ケインズ経済学の祖、ジョン・メイナード・ケインズは「株式投資は美人投票のようだ」といっています。美人コンテストの優勝者を予想するとき、ステージに並ぶ美女たちの中からあなたが選ぶのは、一番、好みのタイプの女性かもしれません。

しかし、あなた以外の人たちが別の女性を選んだら、優勝者はその女性です。株式投資も同じ。利益を得たいと願ったら、世間の大多数が良いと思う銘柄を選択する必要があるのです。

「株式取引」で儲かる仕組み

株式取引のメリット

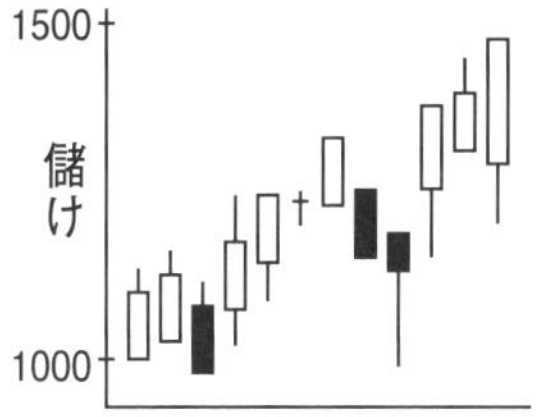

①値上がり益	②配当	③株主優待
目指せ、資産1億円！値上がり次第で資産が数倍になることも	保有しているだけで収入に。定期的なお小遣いのようなもの	食品、商品券、割引券など、企業から色々な特典を受けられる

配当と株主優待はもらえたらラッキーくらいの感覚で…

株式取引の主軸は、「値上がり益」！

株の上昇理由と下落理由

上昇 理由

上向き・好材料

- 業績好調
- 新商品、新ビジネス高評価
- 業務内容が流行にマッチ
- 円安による外貨資産評価アップ
- 政治、法律改正が好影響
- 配当増額、自社株買い…など

下落 理由

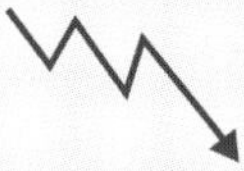

下向き・不安材料

- 業績ダウン
- 商品、業務トラブル
- 業務の変革がうまく進まない
- 円高による外貨資産評価ダウン
- 政治、法律改正で業務に打撃
- 配当減額、無配転落…など

投資の主役はスマホになる！
その05

プライム市場、スタンダード市場、グロース市場…
株はどこで売買されているの？

2022年4月に再編成「東京証券取引所」

株式は、証券取引所で売買されています。

日本には、現在、4つの証券取引所があります。その中で最も大きな規模を誇るのが、東証（東京証券取引所）です。

東証は、ニューヨーク証券取引所（NYSE）、ロンドン証券取引所（LSE）とともに、「世界の三大証券取引所」と呼ばれています。

この東証は、2022年3月まで、市場区分が「東証一部」「東証二部」「JASDAQ」「マザーズ」の4つに分類されていました。

それが同年4月から、「プライム」「スタンダード」「グロース」の3つの市場区分に再編成されました。

東証の説明によれば、①各市場区分のコンセプトが曖昧、②上場会社の持続的な企業価値向上の動機づけが十分にできていない、という2つの理由によって、新たに3つの市場区分へ再編されたとのことです。

他にも3か所ある国内の証券取引所

日本国内には、東証の他にも3つの証券取引所があります。

その3つとは、「名証（名古屋証券取引所）」、「札証（札幌証券取引所）」、「福証（福岡証券取引所）」で、いずれも地方企業が登録しています。

東証の場合、取引できる時間帯は、午前9時から11時30分まで（「前場《ぜんば》」といいます）、そして12時30分から15時まで（「後場《ごば》」といいます）、合計で5時間だけということになります。

スマホによる注文は、基本的に24時間、365日、いつでも受け付けてくれます。

証券取引所の営業時間内に働いていても、前もってスマホで注文を出しておけば、取引に参加することが可能です。15時以降の注文は、基本的に翌営業日の取引時間に処理されることになります。

日本の証券取引所は４か所

日本の証券取引所

東京証券取引所（東証）

プライム市場
1836社
日本を代表する大企業
トヨタ、日立、ANA、ソニー、
セブン＆アイ、NTT、
ソフトバンク、三菱 UFJ
日本郵政、ENEOS

スタンダード市場
1451社
中堅企業
日本 KFC、新生銀行、大正製薬、
日本オラクル、エスビー食品、
ワークマン

グロース市場
501社
資本金10億円以上の新興企業
ライフネット生命、
ウェルスナビ

TOKYO PRO Market
60社
プロのための市場

名古屋証券取引所（名証）
274社

札幌証券取引所（札証）
60社

福岡証券取引所（福証）
108社

東証の取引時間

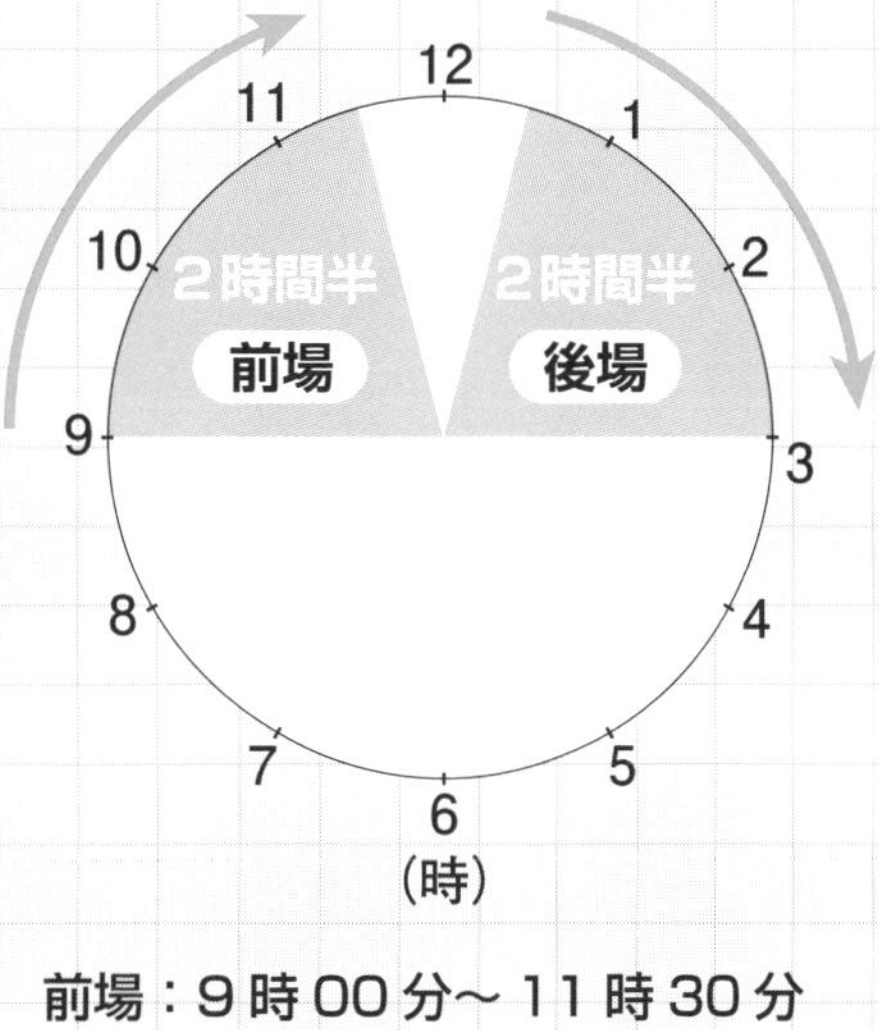

前場：9時00分～11時30分
後場：12時30分～15時00分

※数字は2022年11月28日現在
※上場企業数は各証券取引所の公式ＨＰより

投資の主役はスマホになる！
その06

投資家デビューに最適の格安プランも出現！
手数料は超激安の「0円」から!!

株の売買取引の「手数料0円」プランも！

株の売買において、注意をしなければならないこと。それは取引の際に手数料がかかるということです。

株の売買の際には、その金額に応じて証券会社に所定の手数料を払わなければなりません。

主要なネット証券には、SBI証券、楽天証券、松井証券、マネックス証券、DMM.com 証券、LINE証券などがあります。各社取引に対する手数料は異なりますが、昨今では「手数料0円」プランも用意されています。

たとえば、本書で紹介している「iSPEED」を提供する楽天証券には、1取引ごとに手数料がかかる「超割コース」と、1日の約定《やくじょう》代金（「約定」は売買が成立した金額。「約定代金」は約定金額×株数で算出される）の合計額で手数料がかかる「いちにち定額コース」があります。

この「いちにち定額コース」で、1日の約定金額合計が100万円までなら、手数料がかからないプランがあるのです。投資家デビューの方には、とてもうれしいプランですね。

投資スタイルに合ったプランの選択が重要！

「手数料0円」プランは左図のように各社が設けています。色々あって迷ってしまいますが、投資手法に合ったものを選ぶことが重要です。

株式取引には、1日に何度も売買を繰り返す「デイトレード」、数秒から数分の超短期で株を売買する「スキャルピング」、株を数日から数週間程度ホールドする「スイングトレード」などの手法があります。

1日に何度も売買を繰り返せば、合計の約定代金が、手数料がかからない制限額を超える可能性もあります。そうした場合は、別のプランを選択した方がお得なケースもあります。

投資スタイルは、人それぞれです。あなたの投資スタイルに最も合ったプランを見つけるようにしましょう。

主要ネット証券の売買手数料比較

【国内現物の取引手数料】

※データは 2022 年 11 月現在

	取引金額					(～万円以下)
証券会社	5 万円	10 万円	20 万円	30 万円	50 万円	100 万円
SBI ネオトレード証券	50 円	88 円	100 円	198 円	198 円	374 円
DMM.com 証券	55 円	88 円	106 円	198 円	198 円	374 円
SBI 証券	55 円	99 円	115 円	275 円	275 円	535 円
GMO クリック証券	50 円	90 円	100 円	260 円	260 円	460 円
立花証券	55 円	88 円	110 円	264 円	264 円	517 円
楽天証券	55 円	99 円	115 円	275 円	275 円	535 円
マネックス証券	55 円	99 円	115 円	275 円	275 円	535 円
au カブコム証券	55 円	99 円	115 円	275 円	275 円	535 円
岡三証券	108 円	108 円	220 円	385 円	385 円	660 円

すべて税込み表示

【現物定額サービスの取引手数料】

※データは 2022 年 11 月現在

	取引金額					(～万円以下)
証券会社	5 万円	10 万円	20 万円	30 万円	50 万円	100 万円
SBI ネオトレード証券	0 円	0 円	0 円	0 円	0 円	0 円
SBI 証券	0 円	0 円	0 円	0 円	0 円	0 円
GMO クリック証券	0 円	0 円	0 円	0 円	0 円	0 円
楽天証券	0 円	0 円	0 円	0 円	0 円	0 円
au カブコム証券	0 円	0 円	0 円	0 円	0 円	0 円
岡三証券	0 円	0 円	0 円	0 円	0 円	0 円
立花証券	220 円	220 円	220 円	330 円	550 円	990 円
マネックス証券	550 円	550 円	550 円	550 円	550 円	550 円
松井証券	0 円	0 円	0 円	0 円	0 円	1,100 円

すべて税込み表示

スマホで株式投資コラム①

投資の習慣化と資金の管理を徹底しよう

何のために株式投資をするのか？　その答えは「幸せなお金持ち」になるためです。

お金持ちになる第一歩は、まず貯金する習慣をつけることです。貯金をすることには、節約に励む、安易に散財に走らないなどの習慣をつけるメリットがあります。

そうやって貯まったお金の中から、その一部を投資に回すようにするのです。

お金を借りて株式投資など、もってのほかです。

そしてコツコツ貯金をするのと同じく、毎月、少しずつ株式に投資する資金を上乗せしていくといいでしょう。毎月、1万円でも2万円でも投資できる金額を増やしていくことで、それまで手の出せなかった優良で高額な銘柄を購入できる選択肢が増えていきます。

ここでも大切なのは、自分のルールを決めること。たとえば、「今、100万円の貯金があるから、半分の50万円を株式に投資しよう」というのもいいでしょう。もちろん、そのルールは自分の収入や年齢などを十分に考慮した上で決めてください。ルールを決めたら、毎月の余裕資金のうち、50%を銀行口座に残して、残りの50%を証券口座に入金する。こうやって少しずつ株式に投資できる資金を増やしていけば、購入できる銘柄の選択肢も増えていきます。保有する株式が増えれば、投資の楽しみも大きくなっていきます。

一方で日常生活を損なわないように、生活防衛費をきちんと確保しておく。これが賢い株式投資のやり方だと思います。

【投資を習慣化すべし】

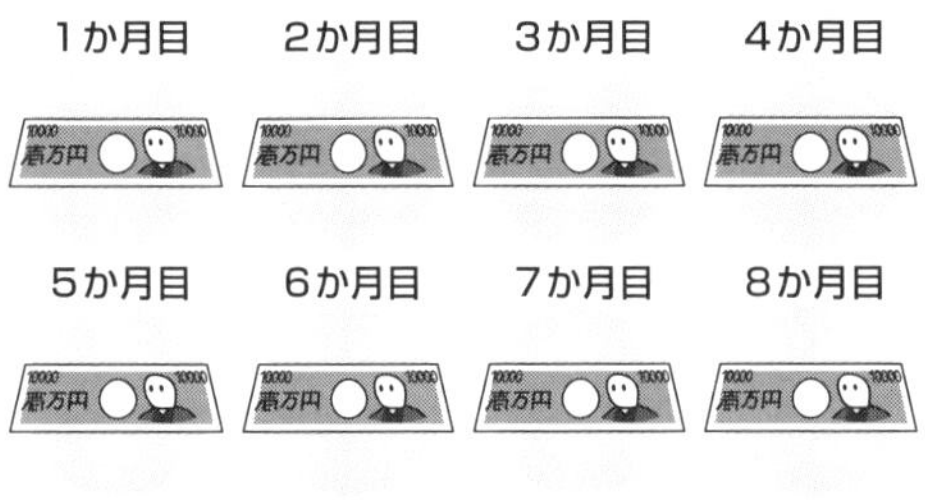

1年間で12万円の投資達成！

【資金管理を徹底すべし】

【第二章】

株を始める前に知っておきたい基礎知識

知っておきたい株の基礎知識 その01

格安の手数料、便利なアプリ ネット証券の選び方と特定口座の開き方

株取引のステップ1は、証券会社の口座作成

株取引を始めるにあたって、まず必要なのは、証券会社に自分の口座を作成することです。

ちなみに証券口座を開くには、電話による申し込みでもOK。また、パソコンでホームページから申し込むこともできます。パソコンやスマホの場合は、サイトの口座開設申し込みのフォームに住所氏名、マイナンバーなど必要事項をインプット。入力完了すれば、後日、証券会社から口座開設のための申込書が送付されてきます。

スマホによる株取引は、各証券会社が提供しているアプリを使用して行います。

「手数料は超格安の『0円』から‼」（18ページ）でも触れましたが、1日の約定代金100万円までの定額サービスの手数料を0円に設定しているネット証券会社は多数あります。

ネット上では「ネット証券のスマホアプリ比較ランキング」が公開されていて、それぞれのアプリの「特徴」や「強み」が紹介されています。各社のスマホアプリの機能が一目でわかる一覧表も掲載してありますのでチェックしておきましょう。

アプリの画面をパッと見た時、「とても見やすい、使いやすそう」という印象も大切です。

口座への入金はネットバンキングが便利

口座への入金は自分の銀行から送金することもできますが、ネットバンキングを利用すれば、銀行と証券会社の口座間の入出金がアプリのアイコンをタップするだけでできて便利です。

また、株取引で年間20万円以上の利益が出た場合、確定申告が必要になります。確定申告に不慣れな方は口座開設の際、「特定口座」の「源泉徴収あり」を選択しておけば、利益にかかる税金を源泉徴収して、証券会社があなたに代わって税務署へ納付してくれます（94ページ参照）。

証券会社をネットで調べて口座を開設してみよう

① 証券会社をインターネットで比較

POINT

・手数料
・アプリの使い勝手
・IPO(※)の取引実績

「IPO」とは？

新規公開株のこと。抽選で購入できる。上場日につく初値が公開価格（上場前に入手する価格）を上回ることが多く、利益を上げやすい。証券会社によって割り当てられる株式数に違いがある。

■ 1日の約定代金ごとの定額手数料は0円多数（2022年11月現在）

証券会社	10万円まで	50万円まで	100万円まで
楽天証券	0円	0円	0円
SBI証券	0円	0円	0円
GMOクリック証券	0円	0円	0円
auカブコム証券	0円	0円	0円

② 口座を開設

Step 1
電話、ＰＣ、スマホから申し込み
↓
Step 2
証券会社のホームページからオンラインで口座を開設
↓
Step 3
口座番号他取引用書類到着
↓
Step 4
口座に入金すれば取引スタート可

知っておきたい株の基礎知識 その02

お手元のスマホにアプリをダウンロード「ｉSPEED」を使ってみよう！

まずは株式取引アプリをスマホにダウンロード

ここまで株式取引において、スマートフォンが大変優れているということを述べてきました。

それでは、実際にスマートフォンの株式取引アプリを使ってみましょう。

ここでは楽天証券の「ｉＳＰＥＥＤ」を実際にインストールする方法をご紹介します。

機種がiPhoneなら「App store」へ、Androidなら「Google play」へ行って、「ｉSPEED」を探して下さい。「ｉＳＰＥＥＤ」を見つけたら、あなたのスマホにインストールします。これで準備完了です。

株式取引アプリを使うには口座開設が必要

次は口座開設です。楽天証券のＨＰにアクセスします。証券口座を開設するためには、「スマホで本人確認」と「アップロードでの本人確認」の２つの方法があります。

ここでは、「スマホで本人確認」のやり方で進めます。「口座開設」のボタンをクリックして、あなたがすでに楽天会員の場合は、「ユーザＩＤ」と「パスワード」でアクセス。

楽天会員でない場合は、フォームにあなたの個人情報を記入します。

ＮＩＳＡ《ニーサ》口座を申し込む場合は、ＮＩＳＡ約款の記載事項をよく読み、内容を把握してから申し込んでください。

「納税方法の選択」「個人型確定拠出年金（iDeCo《イデコ》）の申込」など、あなた自身で決めなければならない項目があります。

なお、楽天銀行口座をお持ちの方であれば、証券口座へ、煩わしい入金手続きなしで、お取引の際に自動で入金を行うサービスを利用できます。楽天銀行口座をお持ちでない場合は、同時に申し込むことが可能です。

あとは、入力内容を確認して送信すれば手続き完了。翌日～3営業日ほどでログインＩＤがメールで届きます。

さあ、いよいよ取引開始です！

iSPEEDのインストールから取引開始までの流れ

①スマホ用のアプリを入手

「App store」(iPhoneの場合)や「Google play」(Androidの場合)で「iSPEED」をインストール。

②楽天証券のWebページ

楽天証券のサイトにアクセス

③口座を開設

A: スマホで本人確認（オススメ！）

or

B: アップロードでの本人確認（保険証等）

お持ちの本人確認書類に応じて、いずれかを選択。

④ログインIDを入手

口座開設の手続き完了から最短翌日～3営業日程度でメールにてログインIDが通知されます（「スマホで本人確認」の場合)。

⑤さあ取引開始！

インストール後、アプリを立ち上げてID、パスワードを入力したら手続き完了。口座に入金したら、取引を開始できます。

知っておきたい株の基礎知識 その03

これだけは知っておきたい株式用語
株式指標〈PER・PBR・ROE〉

最低限覚えておきたい株式用語「株式指標」

本書では、知識がなくても株式投資ができる、かんたんな方法を紹介していますが、株式取引を始めるにあたって、少しだけ覚えておいていただきたい用語があります。

その代表的なものが、「株式指標」です。

「株式指標」とは、その株式に投資する価値があるか、判断の基準として使われる尺度のことです。

代表的な指標として、「PER（株価収益率）」「PBR（株価純資産倍率）」「ROE（自己資本利益率）」があります。

まず、「PER（株価収益率）」とは、株価を1株分の利益で割ったもの。この数値が低いほど、その会社の収益に対して、株価が割安であると判断できます。

たとえば、A社の1株当たりの利益が40円、株価が600円の時、PERは、600÷40で15倍ということになります。一般的に15倍より多いと割高、少ないと割安とされています。

次に、「PBR（株価純資産倍率）」とは、株価を1株当たりの純資産で割ったもの。その会社の株が、その会社が保有する資産の何倍まで買われているのか、を表す指標になります。

たとえば、B社の1株当たりの純資産が300円で、株価が600円ということなら、600÷300で、PBRは、2倍ということになります。PBRが1倍を下回ると、その株は割安と見ることができます。

そして、「ROE（自己資本利益率）」とは、純利益を自己資本で割ったものに100を掛けたもの。

ROEは、その会社が効率的に経営されているかを測る指標です。

たとえば、Cという会社が自己資本30億円で純利益4億5000万円を挙げていたとします。するとこの会社のROEは、4億5000万円÷30億円×100で計算し、15%となります。ROEは10%以上あると比較的優良と判断されます。

知っておきたい株の基礎知識
代表的な「株式指標」

ＰＥＲ・株価収益率

株価を１株分の利益で割ったもの

〈例〉Ａ社（2022年10月）
１株分の利益：40円
株価：600円
600÷40円＝Ａ社のPERは15倍

PERが「15倍」よりも
- 大きい　株価割高
- 小さい　株価割安

ＰＢＲ・株価純資産倍率

株価を１株当たりの純資産で割ったもの

〈例〉Ｂ社（2022年10月）
１株当たりの純資産：300円
株価：600円
600÷300円＝Ｂ社のPBRは２倍

PBRが「１倍」よりも
- 大きい　株価割高
- 小さい　株価割安

ＲＯＥ・自己資本利益率

純利益を自己資本で割ったものに100をかけたもの

〈例〉Ｃ社（2022年10月）
自己資本：30億円
純利益：４億5000万円
純利益÷自己資本×100＝
Ｃ社のROEは15％

ROEが「10％」よりも
- 大きい　効率的な経営
- 小さい　非効率な経営

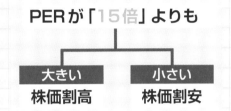

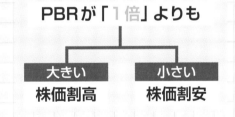

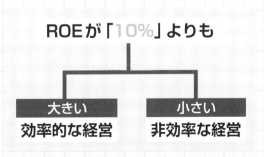

知っておきたい
株の基礎知識
その04

アプリの検索にハマります①
企業のデータを見てみよう

「検索」から欲しい銘柄の情報を調べる

「iSPEED」をインストールして楽天証券の証券口座を開設し、口座に入金が完了すれば、いよいよ、株の取引開始です！

もう、買いたい株の銘柄は決まっていますか？

もし決まっているのなら、「iSPEED」でその銘柄の詳細な情報を閲覧してみましょう。

まず、「検索」をタップして、買いたい銘柄の名前をインプットします。

この時、銘柄コード（個別銘柄に割り当てられている4桁の数字）が分かっているなら、銘柄コードでもOKです。

検索すると、「前日終値」「始値」「高値」「安値」「出来高」「売買代金」など詳細なデータが、チャートや移動平均線とともに表示されました。

まだ決まっていないなら業種から検索も可能

「まだ決めていないので、これから銘柄を探したい」

それなら、それぞれのカテゴリーから一覧を検索することも可能です。

たとえば、精密機器産業で、東証のプライム市場に上場している企業を閲覧したいなら、まず「銘柄コードor銘柄名」の欄の下にあるメニューをタップして、業種から「精密機器」を選択します。次に市場から「プライム市場」を選択すれば、条件にヒットする銘柄の一覧が表示されます。

銘柄を検索した後は、画面を左右にスワイプすれば、情報を切り替えることができます。

「市況情報」「銘柄ニュース」「チャート」「板情報」「業績」「テクニカル指標」専門家による「業績予測」などが表示されます。

また、「iSPEED」では、「株のバイブル」と呼ばれる、東洋経済新報社発行の「会社四季報」も無料で読むことができますので、ぜひ活用してください。

iSPEEDで企業データを検索

トップページ
ココ
検索窓に社名を入力
会社データが見られる
カテゴリーを選択
気になる業種を選んで…
必要な情報がかんたんに手に入るわね!
会社名をタップ
左右にスワイプすると
詳しいデータが見られる

知っておきたい株の基礎知識 その05

アプリの検索にハマります②
チャートとローソク足

株の値動きをグラフ化、チャートで重要な指標

チャートとは、株価の値動きをグラフ化したものです。現在、この銘柄の株価は高値なのか？　安値なのか？　チャートを用いれば、それをおおまかに知ることができます。

チャートは、アプリの設定によって、「単純移動平均線」（一定期間の価格の平均を算出し、それをグラフ化したもの。テクニカル分析に用いる）や「出来高《できだか》」（一定期間中に売買が成立した数）ばかりでなく、「トレンド系」（相場の全体的な方向性を見極めようとする指標）、「オシレーター系」（相場の買われ過ぎ、売られ過ぎを示す指標）の指標を複数、表示させることができます。しかし、チャートで最も重要なものは、「ローソク足」です。

チャート分析の基本「ローソク足」を知ろう！

左の図をご覧ください。

四角い胴体の部分を「柱《はしら》」、上下に伸びた線を「ヒゲ」と呼びます。柱が「始値《はじめね》」と「終値《おわりね》」、ヒゲが「高値《たかね》」と「安値《やすね》」を示しています。

一般的に、柱が白いものを「陽線《ようせん》」といい、株価が上昇した時に出現します。一方、柱が黒いものを「陰線《いんせん》」といい、こちらは株価が下落した時に出現します。「陽線」と「陰線」の色は、アプリの種類やチャートの表記によって異なります。ちなみに、「iSPEED」では、「陽線」が赤、「陰線」が白で表されます。

「iSPEED」の各銘柄の詳細画面を開くと、日足《ひあし》が表示されます。これをタップすると、5分足《ごふんあし》・日足・週足《しゅうあし》・月足《つきあし》の4種類のチャートを表示させることができます。

チャートを見れば、一定期間の各銘柄の株価の値動き、そのトレンドを知ることができるのです。

このようにチャートを使って過去の株価の値動きを知り、未来の株価を予測をするやり方を「テクニカル分析」といいます。

ローソク足ってどんなもの？

【陽線と陰線】

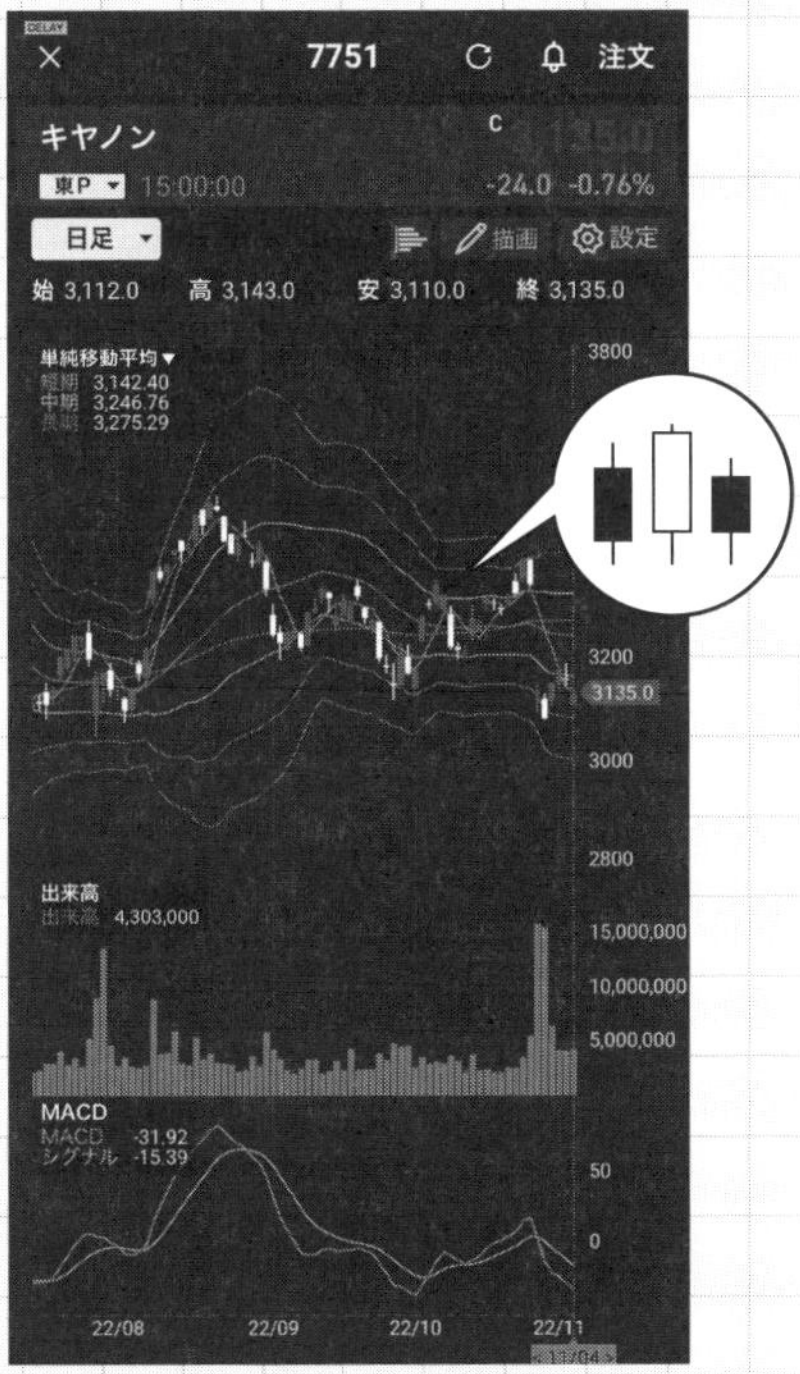

陽線

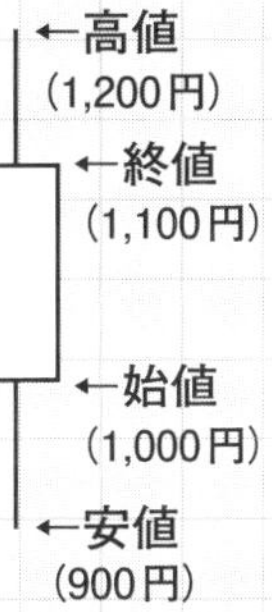

(例)△100円高
株価1000円でスタートした会社が、1200円まで買われた後、900円まで下がったが、最終的に1100円で終わった。始値より100円高くなったので陽線のローソク足になる。

陰線

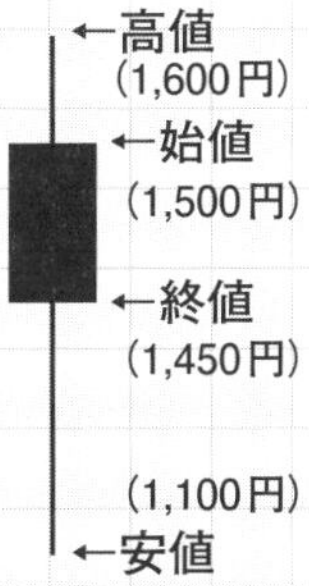

(例)▲50円安
株価1500円でスタートした会社が、1600円まで買われた後、1100円まで売られ、1450円まで戻ってその日は終わった。始値より50円安くなったので陰線のローソク足になる。

【チャートの種類】

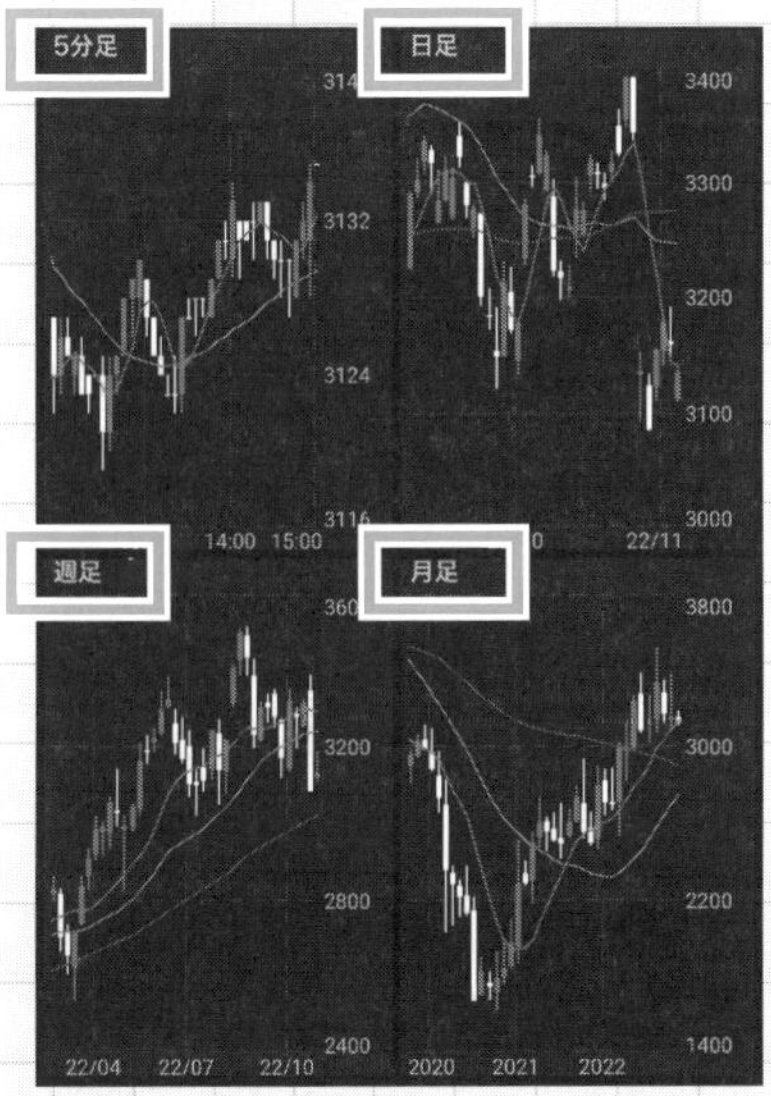

5分足

5分ごとの平均株価をローソク足で表示したもの

日足

1日ごとの平均株価をローソク足で表示したもの

週足

1週間ごとの平均株価をローソク足で表示したもの

月足

1か月間ごとの平均株価をローソク足で表示したもの

知っておきたい
株の基礎知識
その06

アプリの検索にハマります③
「スーパースクリーナー」をチェック

「スクリーニング」は銘柄選びの近道

アプリの「スクリーニング」機能を使えば、様々な指標を組み合わせることによって、より魅力的な銘柄を選び出すことが可能です。

2つ以上の指標を組み合わせ、厳しい条件をクリアして選び抜かれた銘柄は、それだけ魅力ある投資先であると言えます。

スクリーニング機能では、特定の銘柄を「お気に入り」に登録し、値動きの推移などを見ることができます。

我々、個人投資家は、それほど多くの銘柄を追跡することができません。スクリーニング機能で、20種程度の銘柄に絞って、「お気に入り」に登録しておくとよいでしょう。

スクリーニング機能はスマホのアプリばかりでなく、各証券会社のウェブサイトにも標準的に実装されています。積極的に使ってみましょう。

実践「i-SPEED」のスクリーニング機能

まず、「i-SPEED」を立ち上げ、メニューアイコンの「検索」をタップします。次に「スーパースクリーナー」をタップ。「コンセンサス・レーティング」とは、多数のアナリストが「強気」「中立」「弱気」という推奨レーティングをつけていて、その平均値をとったものです。大勢のアナリストの意見を参照して、プロがその銘柄をどう評価しているか、把握しておくのはとても重要なことです。

下にスクロールして、「検索条件追加」をタップ。「財務」「コンセンサス情報」「銘柄属性」「テクニカル」の4項目につき、最大5件の検索条件を追加することができます。

ここにあなたが望む条件、例えば、「PER10倍以下」「PBR1・0倍以下」「配当利回り2%以上」をインプットして検索をかければ、その条件にマッチした銘柄が表示されます。また、表示された銘柄にこの画面から買い注文を出すこともできます。

スーパースクリーナーで検索

①下部の「検索」

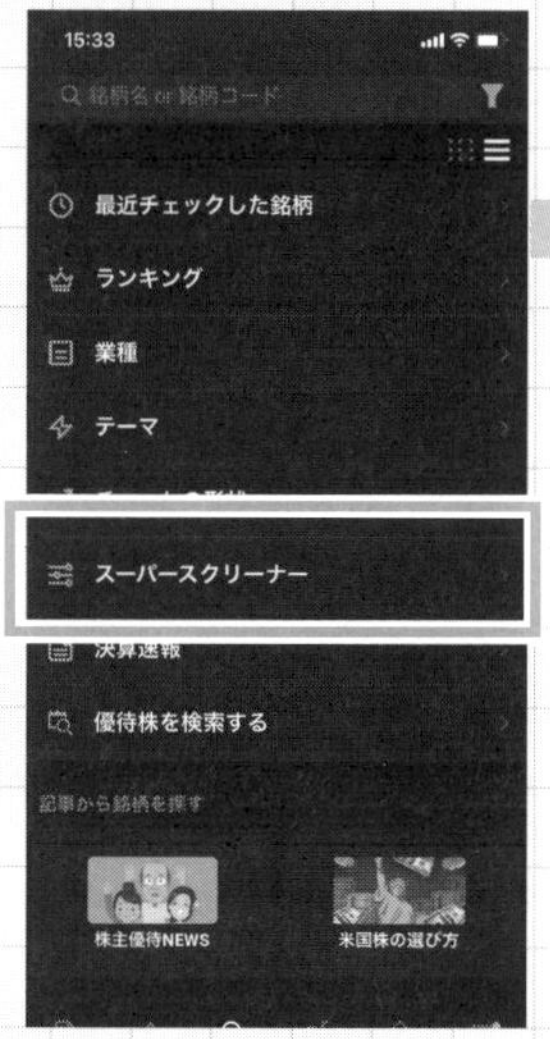

検索画面が出たら「スーパースクリーナー」をタップ。

②「条件指定画面」

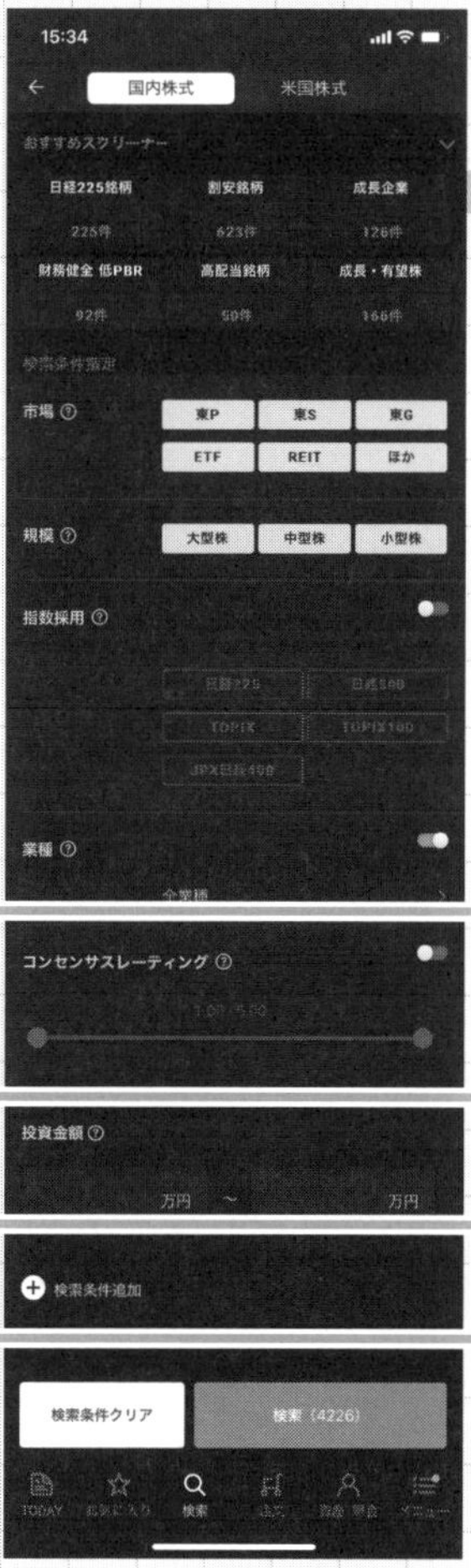

「コンセンサスレーティング」を確認し、「検索条件追加」をタップ

③「条件追加画面」

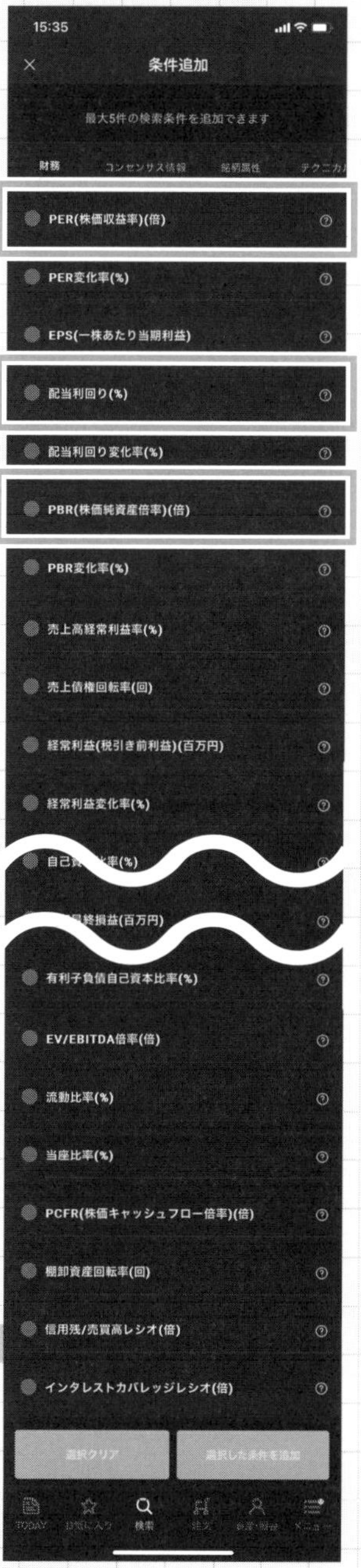

「PER（株価収益率）」「配当利回り」「PBR（株価純資産倍率）」をタップ。

④検索結果

１つ１つ銘柄をチェックするのでもいいし、知っている銘柄のみ覗いていくのもOK。10万円以下で買える株がとても多いのもわかります。

知っておきたい株の基礎知識 その07

アプリの検索にハマります④ 自分の資産状況も確認しよう

株式取引アプリなら資産状況も即座に確認

株を買おうと思った時、まず知っておかねばならないのが、自分の証券口座にどのくらい資金があるかということです。また、自分の保有している株式の時価総額がどのくらいなのか、といったこともこまめにチェックする必要があります。

株式取引アプリをインストールしておくと、スマートフォン1台で、証券口座の資金残高や、現時点での保有銘柄の時価総額を簡単に一覧できるので、とても便利です。

楽天証券の「iSPEED」で説明しますと、通常ログイン画面→「資産・照会」→「総合サマリー」をタップ。「評価額合計」で、あなたの証券口座にある資産合計、つまり、証券口座内の現金と保有している株式の時価総額などの合計が表示されます。

ここで、日本の証券市場に上場されている株を購入したとします。「総合サマリー」の「国内株式」をタップすると、あなたが保有している日本株の資産の詳細が表示されます。日本株を買えば、日本株の資産額が、購入前より買った分だけ増加します。

次に左上の「閉じる」マークを押し、「預り金」をタップ。預り金、つまり証券口座にある現金が、日本株を購入した分だけ減少することになります。

株式の取引状況もすぐにチェック可能！

また、どの株式をどれだけ購入しているか、その状況を確認したい場合は、「資産・照会」の「注文照会」をタップしてみましょう。

売買が成立している注文には「約定」、まだ成立していない注文には「執行中」、成立しなかった注文には、「出来無」が表示されます。

「iSPEED」の「資産・照会」では、このように口座内の現金、株式の時価評価額、注文の履歴や、注文が成立したかどうかまで、簡単に閲覧することができます。

「資産・照会」で資産状況を確認

トップページ下部から…

ココ！

「資産・照会」画面に

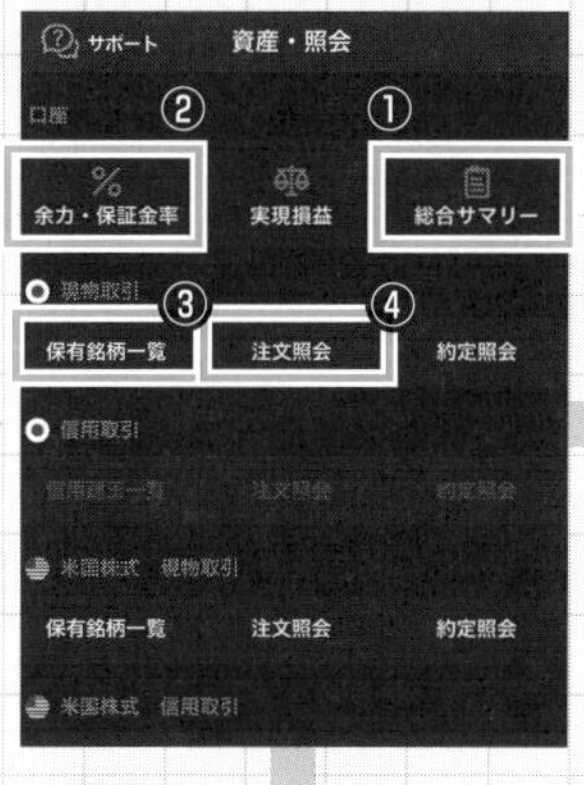

①資産状況を確認

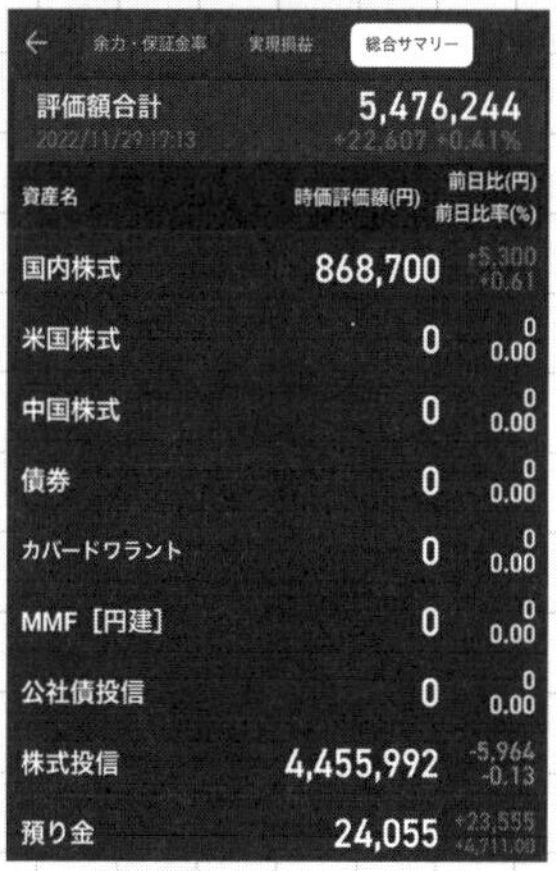

資産名	時価評価額(円)	前日比(円) 前日比(%)
評価額合計	5,476,244	+22,607 +0.41%
国内株式	868,700	+5,300 +0.61
米国株式	0	0.00
中国株式	0	0.00
債券	0	0.00
カバードワラント	0	0.00
MMF [円建]	0	0.00
公社債投信	0	0.00
株式投信	4,455,992	-5,964 -0.13
預り金	24,055	+23,555 +4,211.00

②買付可能額を確認！

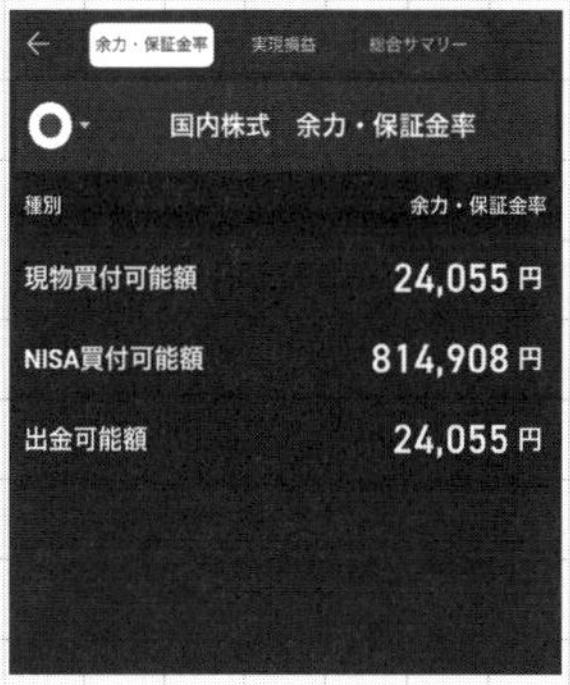

国内株式　余力・保証金率

種別	余力・保証金率
現物買付可能額	24,055 円
NISA買付可能額	814,908 円
出金可能額	24,055 円

③保有株の現状を確認！

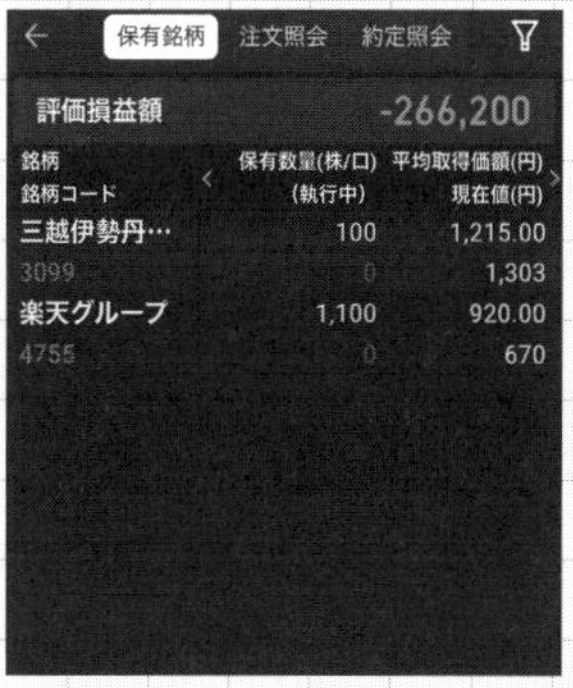

評価損益額　-266,200

銘柄 銘柄コード	保有数量(株/口) (執行中)	平均取得価額(円) 現在値(円)
三越伊勢丹… 3099	100	1,215.00 1,303
楽天グループ 4755	1,100 0	920.00 670

④注文内容を確認！

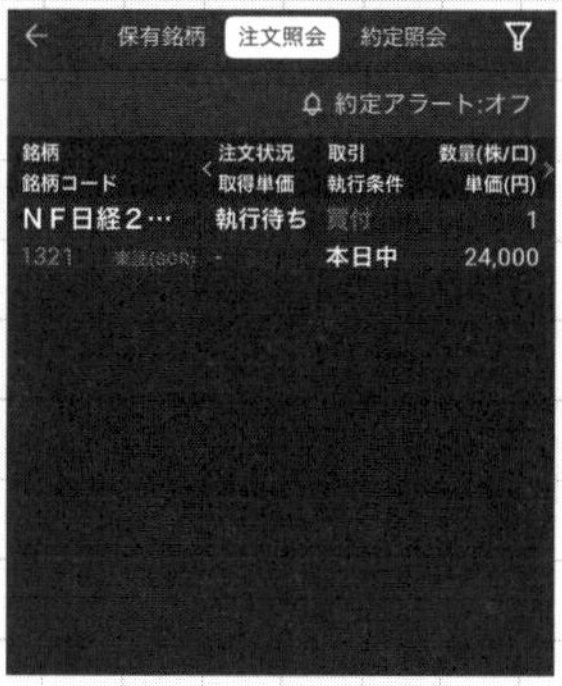

銘柄 銘柄コード	注文状況 取得単価	取引 執行条件	数量(株/口) 単価(円)
ＮＦ日経２… 1321	執行待ち	買付	1
		本日中	24,000

「iSPEED」のアラート機能

サラリーマン投資家の強い味方！

「株アラート機能」が便利！

平日の昼間、働いている時に大事件が発生したら？　株価も為替も知らぬ間に大混乱です。

こういうことを防ぐために活用できるのが、「iSPEED」の「アラート機能」です。ログイン画面の「メニュー」から「株アラート」の「設定」→「+銘柄を追加する」→「お気に入り」か「保有株一覧」をタップ。アラートを設定する銘柄を選び、株価が一定の値動きをしたら通知をしてくれるように設定できるのです。

「アラート設定」のページで「+市況を追加」をタップすれば、市況そのものの増減率を設定することも可能です。たとえば「日経225が2万8000円を超えたら通知」という設定を登録しておけば、その価格に達した時、通知を受け取ることができます。日中仕事をしている会社員の方にはとても便利な機能です。

スマホで株式投資コラム②

利益100万円までは使わない勇気

株式投資を始めて、少し利益が出ると「自分へのご褒美」として、高級レストランで会食したり、ブランド物のバッグを買ったり、海外旅行をしたりする人たちがいます。

それはそれで株式投資の楽しみとして結構なことなのですが、株で利益が出たら、すぐに使ったりせず、それをさらに投資に回せば、投資の原資そのものが大きくなり、利益も大きくなっていきます。

貯金には「100万円の法則」というものがあるそうです。

100万円までは貯めるのがとても大変。しかし、100万円まで貯めることができれば、それから貯金が急スピードで増えていくことが多いそうです。

これは「自分でも100万円、貯められた」という自信が生まれて、さらにがんばってお金を貯めようという新たな意欲が湧いてくること。そして、100万円という区切りの単位を取り崩したくないという心理が働いて、お金を減らさないように無駄遣いをやめ、倹約等に励むようになること。

この両面の心理効果によって、100万円貯めることができた人は、その後、どんどん貯金が増えていく……。これが「100万円の法則」です。

株式も同じこと。株の売買で利益を上げ、それが100万円まで積み上がったら、自信が付き、減らしたくないという意識が生まれ、そこからさらに収益を上げるように努力するようになるはずです。

まず、利益100万円を目指しましょう。

きっとそこから新しい世界が見えてきますよ。

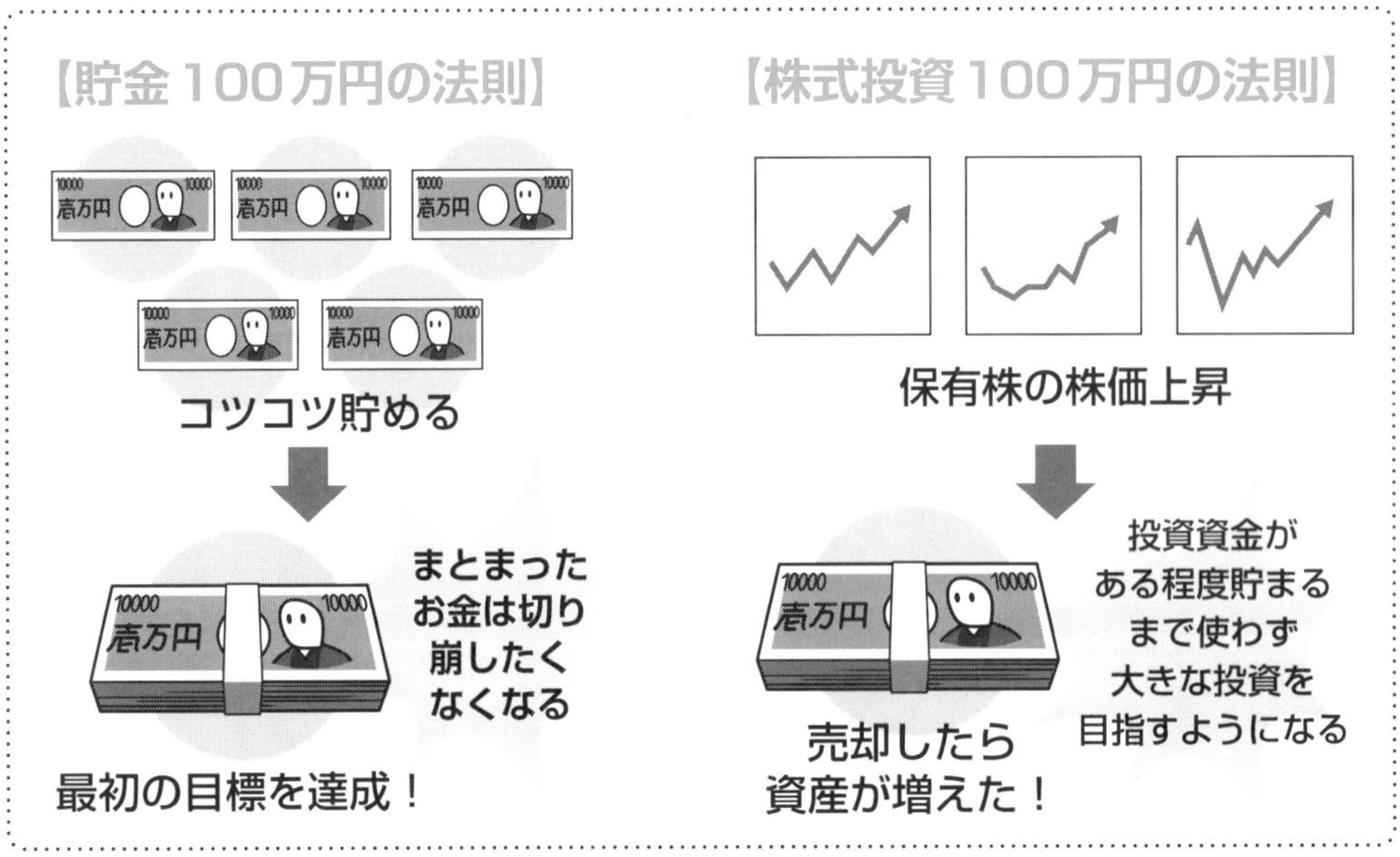
【貯金100万円の法則】
壱万円
コツコツ貯める
まとまったお金は切り崩したくなくなる
最初の目標を達成！
【株式投資100万円の法則】
保有株の株価上昇
投資資金がある程度貯まるまで使わず大きな投資を目指すようになる
売却したら資産が増えた！

【第三章】

何を買えばいいのかをしっかり教えます

銘柄選びのヒントとコツ その01

狙い目は10万円以下で買える株
どんな会社の株を買ったらいい？

10万円以下の銘柄にはメリットがたくさんある

これから株を始めたいと考えている初心者の皆さんにとって、最も頭を悩ませるのが、「どんな銘柄を買ったらいいのか」ではないかと思います。個別銘柄ならば、まずは10万円以下で買える株への小口《こぐち》投資から始めてみてはどうでしょう。

「優良株を買うには最低でも100万円以上ないとダメなのでは？」と思っている人も多いかもしれませんが、そんなに高い株を買わなくても大丈夫です。実は、10万円以下で買える銘柄には、投資家にとって次の3つのメリットがあるのです。

その一、「ネット証券各社が、約定金額の低い取引手数料を優先的に引き下げている」

その二、「同じ資金で多数の株を購入できる」

その三、「数多くの銘柄を分散して購入することができる」

これまで見てきた通り、ネット証券各社は、100万円以下は手数料無料のプランを用意しています。

10万円以下で買える銘柄なら同じ投資資金で株を大きく、広く買うことができますし、銘柄を分散させることでリスクも分散できるというわけです。

スクリーニング機能で10万円以下の株を探す

楽天証券の「iSPEED」などのスクリーニング機能を使えば、一瞬で「10万円以下で買える株」を絞り込んで表示させることができます。

32ページで紹介したスーパースクリーナーの実際の使い方は、次項で説明します。

次にその銘柄のチャートをチェックしましょう。30ページで触れたチャートの具体的な見方については、本章で逐次、説明していきたいと思います。「これはいい」と感じた銘柄はアプリに登録しておきましょう。

少額からでも投資に参加できる 10万円以下の株も狙い目

10万円以下の株を購入するメリット

選択肢が
多い
10万円以下で
買える銘柄は
1939社

手数料が
無料
売買手数料無料の
証券会社もある

リスクの
分散
たくさんの
銘柄を購入できる

※データは2022年11月時点

10万円以下の株を購入するデメリットと注意点

日経平均と
連動しないことも
大型株とは違う
動きをすること
があります

ボロ株に
注意
ボロ株と呼ばれる
業績不安な株もある
ので選択に注意

【結論】

- ■ 少ない投資金額で投資家になれる
- ■ 売買手数料が無料なので数百円でも利益を出せる
- ■ ずっと株価を見ていられないサラリーマン、ＯＬ投資家にはたくさんの銘柄を持つ銘柄分散は所有する上での「保険」になる

銘柄選びのヒントとコツ その02

「スーパースクリーナー」で簡単検索 10万円以下の優良銘柄の探し方

スクリーニングで優良銘柄を見つけよう！

さきほどの項目では10万円以下で買える銘柄がおすすめであることを述べました。しかし、注意したいのが、ただ安い株を買えばいいというものではありません。

では、優良銘柄はどのように探せばいいのでしょうか。もちろん、ここでも使用するのはスマホです。

楽天証券の「ｉＳＰＥＥＤ」の機能「スーパースクリーナー」を使って、証券市場に上場している銘柄から、高配当が見込める、魅力的な銘柄を探し出してみましょう。

操作はとてもかんたんです。

まず「ｉＳＰＥＥＤ」を立ち上げ、メニューアイコンの「検索」→「スーパースクリーナー」の順にタップしていきます。すると「東Ｐ（プライム）」「東Ｓ（スタンダード）」「東Ｇ（グロース）」「ＥＴＦ」「ＲＥＩＴ」「ほか」といった証券市場が出てきますので、投資金額が「10万円以下」の条件を指定して、検索をかけてみましょう。

すると、１９２１銘柄がヒットしました（２０２２年10月5日現在）。

さらにそこから、配当利回りが2・5%以上の銘柄を指定して再検索してみましょう。銘柄数は、２４７銘柄まで減少しました。

そこに「時価総額１０００億円以上」という条件を加えて、再検索してみましょう。すると、さらに72銘柄まで絞り込むことができました。

ここでは配当利回りと時価総額で銘柄を絞り込んできましたが、それ以外にも26ページで紹介した「ＰＥＲ（株価収益率）」「ＰＥＲ変化率」「ＥＰＳ（1株当たり当期利益）」といった株式指標でスクリーニングすることもできます。

条件を厳しくすれば、当然、銘柄はさらに絞り込まれ、より条件のいい銘柄が表示されることになります。

そこにさらに、あなた独自の判断を加えれば、あなたにとって最も魅力的な銘柄が見つかるはずです。楽しみながら銘柄を探してみてください。

10万円以下の株はこう探す！

10万円以下の株の探し方

楽天証券
「iSPEED」
スーパースクリーナー

検索 → 10万円以下で買える銘柄 **1921銘柄**

こんなにあるのか

検索 → 配当利回り2.5%以上の銘柄 **247銘柄**

銀行の金利よりもすごく高いけどそれでもこんなに多いんだ

検索 → 時価総額1000億円以上の銘柄 **72銘柄**

こりゃ検索するのは面白いね

※データは2022年10月5日時点

銘柄選びのヒントとコツ その03

株価を予測する2つの分析手法
ファンダメンタル分析とテクニカル分析

会社の業績に注目「ファンダメンタル分析」

株の取引では、株価がどのように推移するかを予想して売買することになります。

株価を左右する最大の要素は、その会社の業績です。

その会社の現在の業績が好調である、もしくは将来の好業績予想から、現在の株価とその会社の潜在的な価値の間に開きがあると判断されると、株が買われ、株価が上昇していくことになります。

その開きを埋めるところまで、つまり、その会社の本当の価値の水準まで株価は上昇するはずだ、という考え方に基づいて、現時点の株価を判断するのが、「ファンダメンタル分析」という分析手法です。

その際に使用される指標が、前述のＰＥＲやＰＢＲ、ＲＯＥです。ＰＥＲで、「利益に対して株価が割安か、割高か」、ＰＢＲで「資産に対して株価が割安か、割高か」、ＲＯＥで「自己資本に比して、効率的な経営が行われているか」を判断します。

チャートのサインを読む「テクニカル分析」

これに対して、チャートの動きと形状の変化を観察して、「この会社の株価は次はこう動く」と考え、売買のタイミングを計るのが、「テクニカル分析」です。

チャートに表示された過去の株の値動きなどから、未来の株価を予測する方法です。

46ページから詳しく説明する「ローソク足」の変化や58ページから説明する「移動平均線」などを観察し、「ここで買うべき」「ここで売るべき」というサインを見極めて、売買のタイミングを決定するというやり方です。

本書では短期売買を主軸として解説していきますので、主として「テクニカル分析」の手法を用い、「ファンダメンタル分析」は銘柄選択で迷ったときに使用するというスタンスです。

「ファンダメンタル分析」と「テクニカル分析」の違いとは？

ファンダメンタル分析

会社の業績や資産と株価で分析する方法

■ 参考にする指標

ＰＥＲ（株価収益率）
ＰＢＲ（株価純資産倍率）
ＲＯＥ（株主資本利益率）
など

テクニカル分析

チャートやデータから株価を予測する方法

■ 参考にする指標

ローソク足、移動平均線
ボリンジャーバンド
ストキャスティクス
など

多すぎる指標の確認は混乱のもと

チェックする指標は少なく！

テクニカル分析では、様々な指標を参照する必要があります。しかし、日中、忙しく働く人にとって、すべてをチェックすることは至難の業。投資家もすべての指標の意味と使い方を理解しているわけではないのです。

投資家によっては、「私は、チャートのローソク足・移動平均線・ボリンジャーバンド・ストキャスティクスしか見ない。ほかに参考にするのは、CME（シカゴ商品取引所）の日経平均先物だけ」という人もいます。

どれだけ優秀な指標であっても、使いこなせなければ混乱のもととなるだけです。チェックする指標は自分の投資スタイルに合ったものを少数精鋭で使えるように慣れていきましょう。

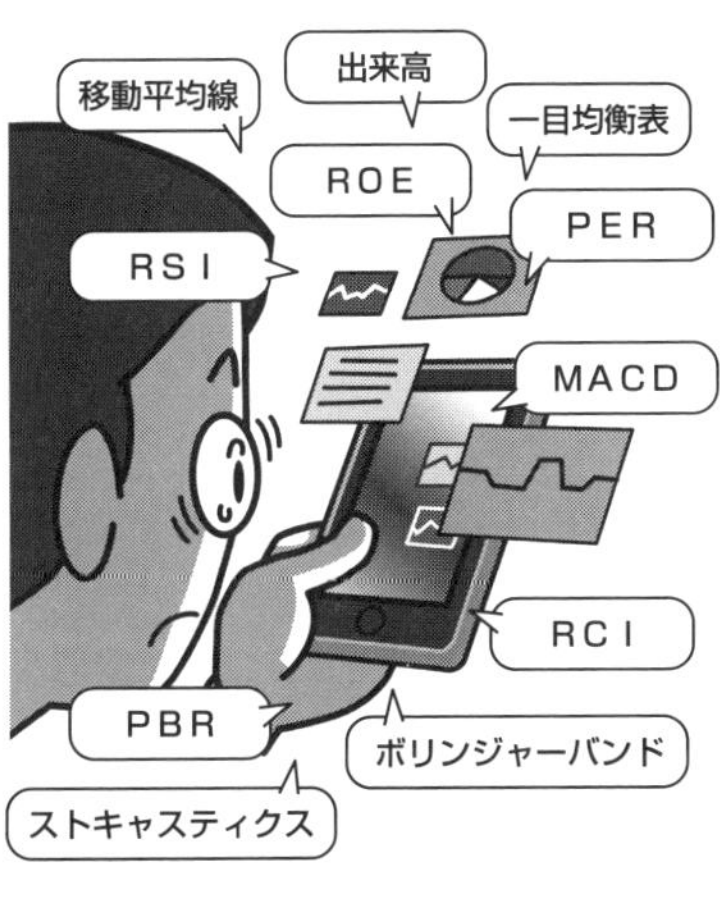

銘柄選びのヒントとコツ その04

未来の株価を予測するヒントがいっぱい「チャート」って面白い！

「チャート」をチェックし、株価を判断しよう！

株を現物で取引する（＝株式と売買代金を受け渡す通常の取引）際の基本は、「安く買って、高く売る」ということです。

新聞の朝刊の株式欄をチェックすると、その会社の株の前日終値が載っています。しかし、それは単なる数字にすぎず、それだけ見ても判断することはできません。

「この株、1500円って書いてあるけど、そもそも1500円って高いの？　安いの？」

そのようにお困りのあなたにお勧めしたいのが、その銘柄の過去の値動きをグラフにして、現在の株価がどの水準にあるのかを表す「チャート」を見ることです。

「チャート」を構成する重要な3つの指標

チャートは基本的に「ローソク足」「出来高」「移動平均線」という3つのパートからなっています。

「ローソク足」には、主に1日の値動きを示す「日足」、1週間の値動きを示す「週足」、1か月の値動きを示す「月足」があります。

「スマホで株取引」ならば、最優先でチェックするのは「日足」です。「日足」で迷ったときは、より長いスパンである「週足」も参考にします。

グラフの下方にある棒グラフは、売買の数量を示す「出来高」を表しています。

その銘柄に人気が集まり、売り買いが多くなると、棒グラフの山が高くなります。売買が低調になると、棒グラフの山は低くなります。

「移動平均線」とは、一定期間の株価の平均値をグラフにしたものです。グラフのデコボコを均して、その銘柄の大まかな値動きを表しています。

移動平均線のグラフが上向きならば、その銘柄は「上昇トレンド」、下向きならば、「下降トレンド」であると判断できます。

過去の値動きが一目でわかる「チャート」の見方のキホン

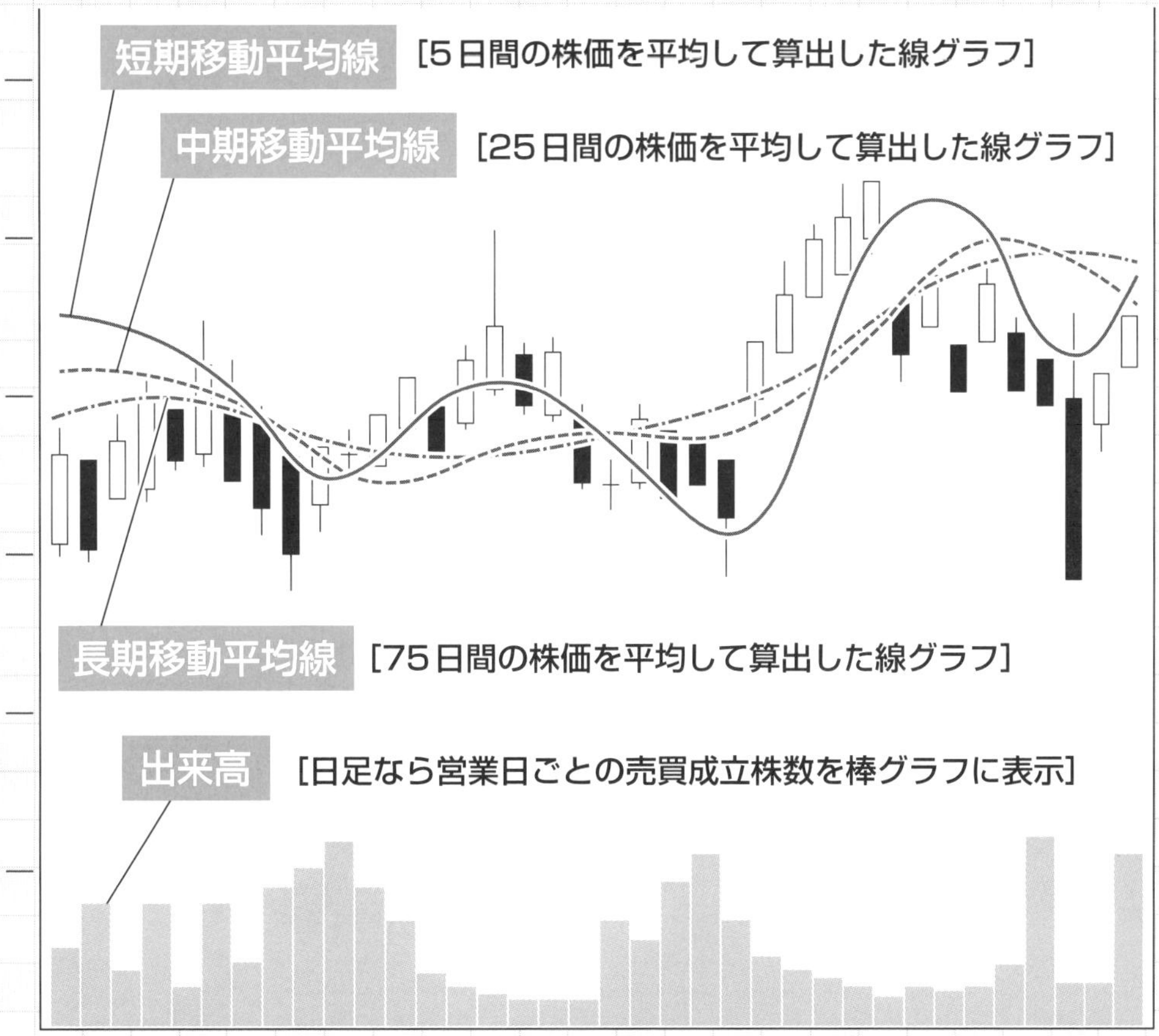
短期移動平均線
[5日間の株価を平均して算出した線グラフ]
中期移動平均線
[25日間の株価を平均して算出した線グラフ]
長期移動平均線
[75日間の株価を平均して算出した線グラフ]
出来高
[日足なら営業日ごとの売買成立株数を棒グラフに表示]

※短期、中期、長期とも算出期間にはさまざまなパターンがあります。

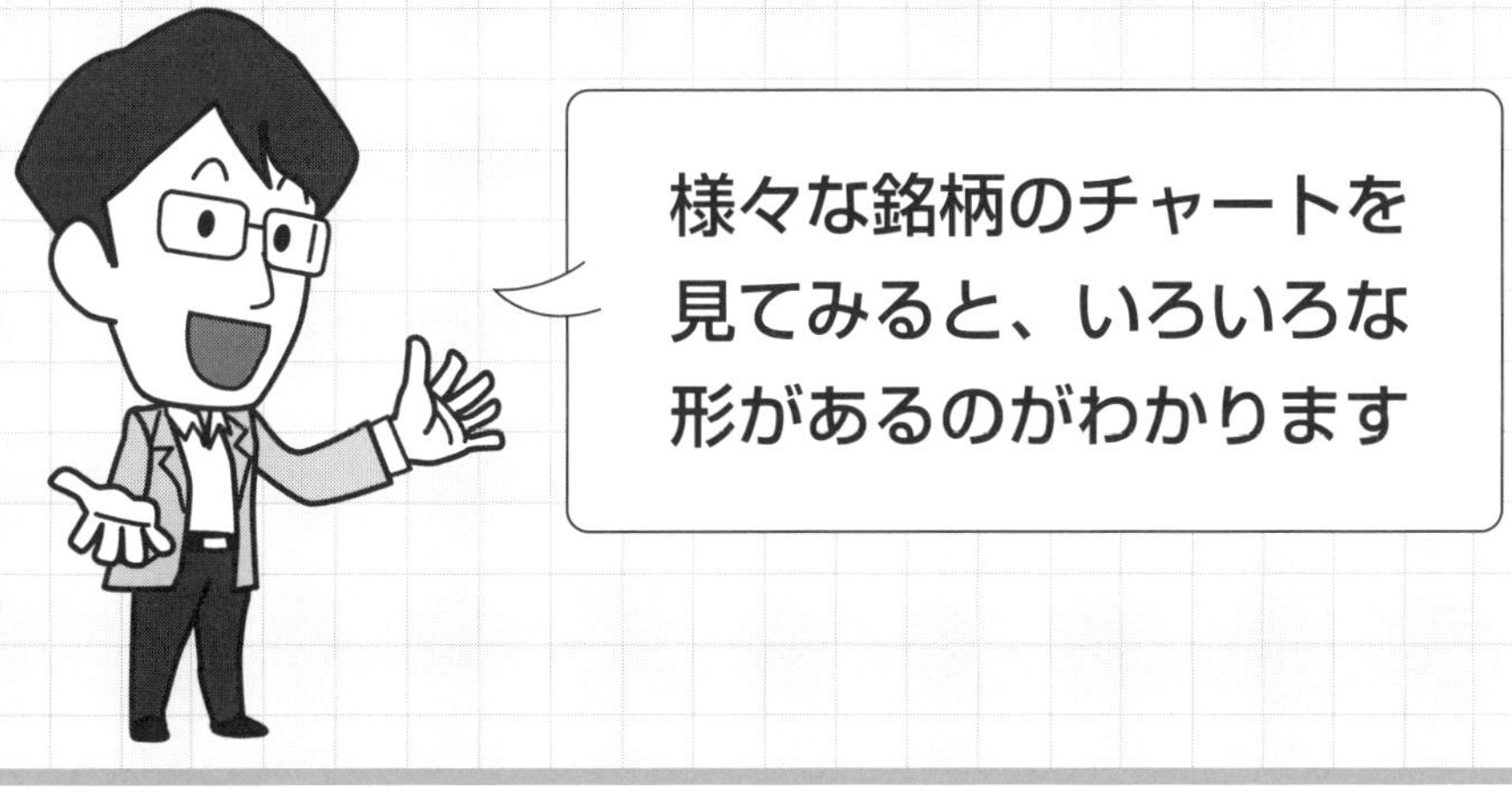
様々な銘柄のチャートを見てみると、いろいろな形があるのがわかります

銘柄選びのヒントとコツ
その05

ローソク足の基礎知識①

「ローソク足」の種類と見方

株の四本値を表す「ローソク足」

ここからは、「チャート」の重要な指標のひとつである「ローソク足」の見方について説明しましょう。

ローソク足では、「日足」「週足」「月足」など、一定期間の最初の売買で付けた株価を「始値」、一番高い株価を「高値」、一番安い株価を「安値」、最後の売買で付けた株価を「終値」といいます。

この4つの値段のことを「四本値《よんほんね》」といいますが、ローソク足はこの「四本値」を簡単な図形で見て取ることができます。

通常、始値より終値が高くなっている時は、柱が「白」（これを「陽線」といいます）。安くなっている時は「黒」（こちらは「陰線」といいます）で表現されます。

ローソク足に見る売り買いのシグナル

ローソク足からは、その時点における株価の推移、相場の勢いを知ることができ、ヒゲの長短から「買いシグナル」「売りシグナル」を判断することもできます。

たとえば、終値２００円高の銘柄があったとして、その株価が前場、マイナスからスタートして、後場で大きく値を切り上げていったのか。あるいは、前場、３００円超の大幅な値上がりが、後場で失速して結局、２００円高で落ち着いたのか、ローソク足を見れば、一目でその流れをつかむことができるわけです。

「始値」と「終値」が同じだった場合は、ローソク足の柱の部分がぺちゃんこ、つまり、長短が存在しないことになります。この柱のないローソク足を「十字線《じゅうじせん》」といいます。これは、株価があまり動かない、つまり、売買のパワーが均衡していて、ほとんど大きな値動きがない「持ち合い」の状態であることを示しています。

シンプルな形状のローソク足ですが、情報が詰まった指標なのです。

株価の動きが一目でわかる「ローソク足」の種類

陽線

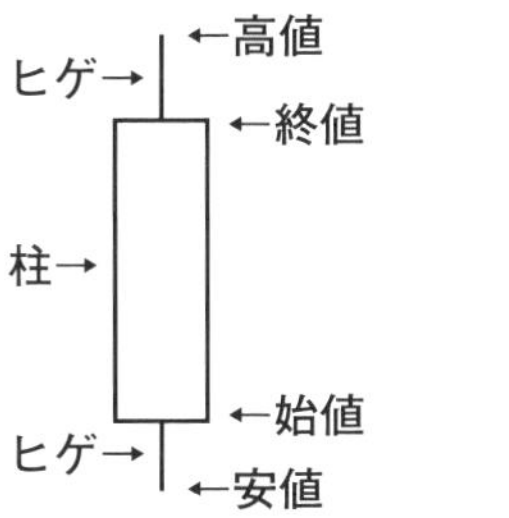

前日値より高く終わったとき出る。

陰線

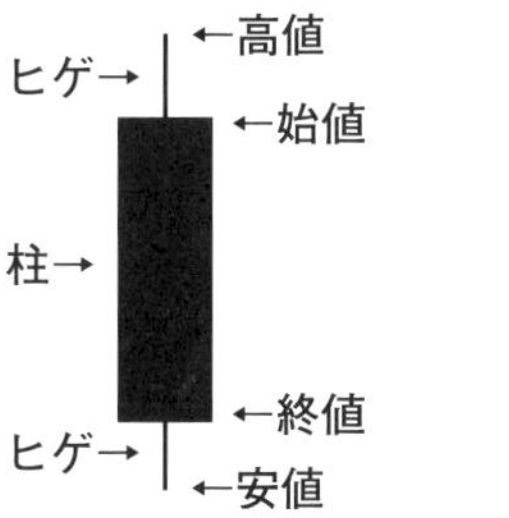

前日値より安く終わったとき出る。

上ヒゲ

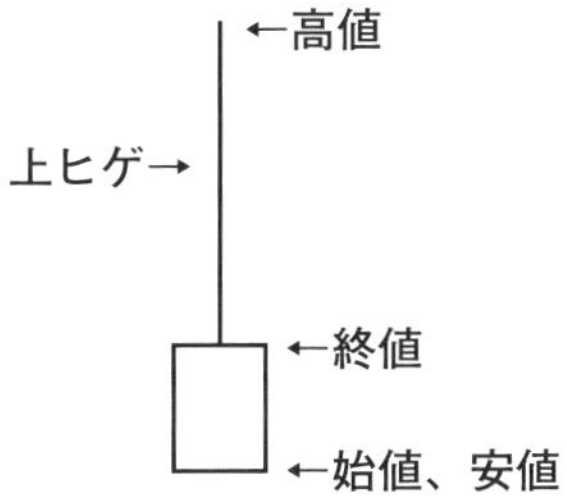

上昇すると思う人が少ないときに出る。

下ヒゲ

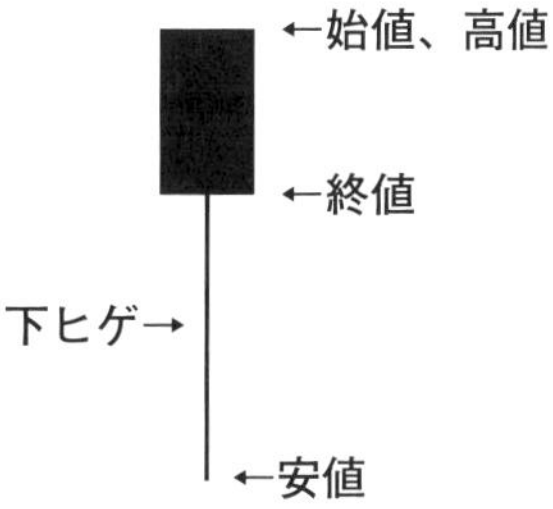

下降すると思う人が少ないとき出る。

十字線　トウバ　コマ

上がるのか下がるのか決めかねているときに出る。

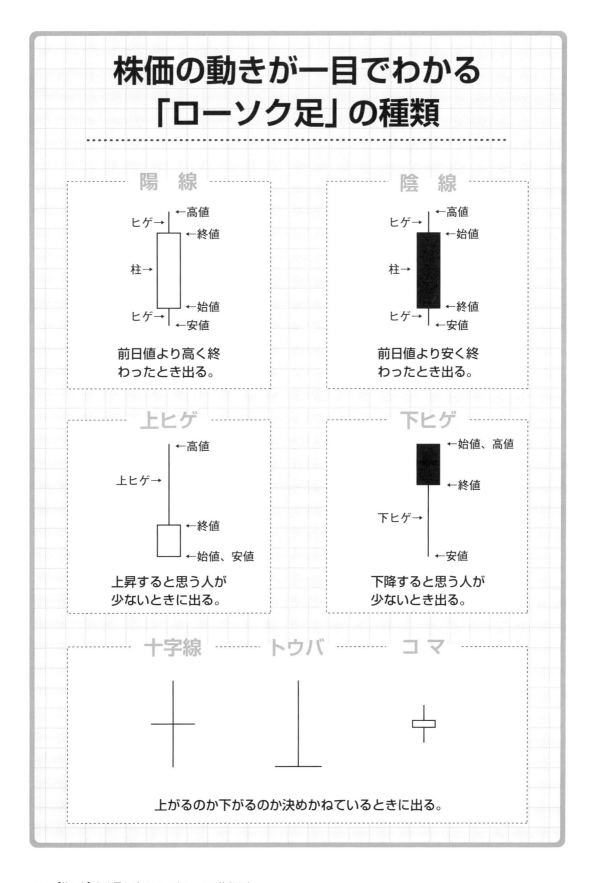

銘柄選びのヒントとコツ その06

ローソク足の基礎知識②

「ローソク足」の長さやトレンド

ローソク足が発する相場変動のサインに注目

ローソク足には、いろいろな種類があります。それが設定した期間によるもの、つまり「分足《ふんあし》」「時間足《じかんあし》」「日足」「週足」「月足」です。

1日の間にトレードを完結させるデイトレードでは、「5分足」「10分足」といった「日中足《にっちゅうあし》」が使われます。そして、そのすべてのローソク足に、「四本値」が表示されます。

「陽線」と「陰線」は、柱の長さによって、さらに「大陽線《だいようせん》」「大陰線《だいいんせん》」「小陽《しょうよう》線《せん》」「小陰線《しょういんせん》」に分けられます。

この4つの分け方に、明確な基準が存在するわけではありませんが、一般的に、柱が長ければそれだけ売りと買いのパワーが強力で、柱が短ければ、それだけ売りと買いのパワーが弱いとされています。

一般に「陽線」が続くと、その相場は強く、この先も株価の値上がりが見込めるというサイン。一方、「陰線」が続くと相場が弱く、この先、株価が値下がりしそうだというサインになります。

トレンドラインも見逃せない情報です！

ローソク足の高値同士、また、安値同士を結んだ線を「トレンドライン」といいます。

このトレンドラインが右肩上がりの形を示していれば、その株価は「上昇トレンド」、右肩下がりの形になっていれば、その株価は「下降トレンド」にあると判断できます。

上昇トレンドの下側のラインを、特に「下値支持線《したねしじせん》」といいます。また、下降トレンドの上の線を「上値抵抗《うわねていこう》線《せん》」といいます。

このトレンドラインを見極めることができれば、底値で買って、天井《てんじょう》で売ることも可能になります。

現物株の取引では、この右肩上がりのトレンドラインを示す銘柄を買っていくことが、最も基本的な戦略になります。

押さえておきたい「ローソク足」の長さやトレンド

ローソク足の長さ

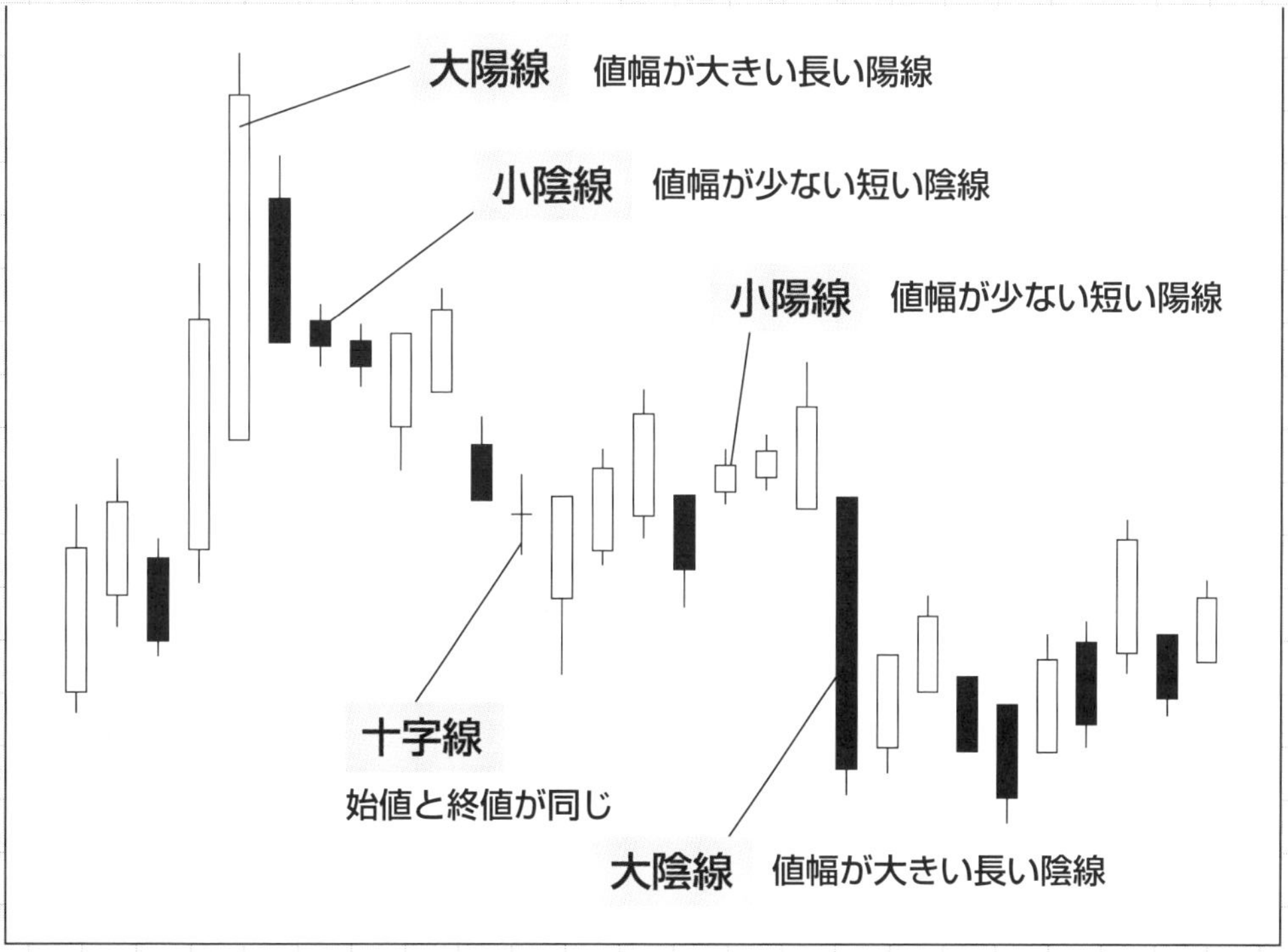

ローソク足のトレンド

上昇トレンド

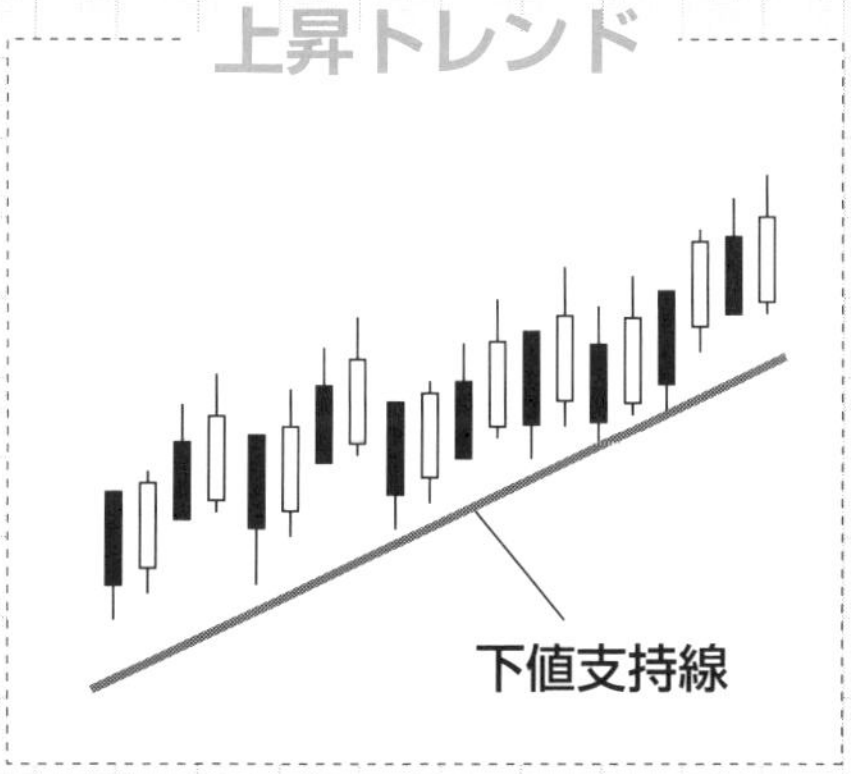

下降トレンド

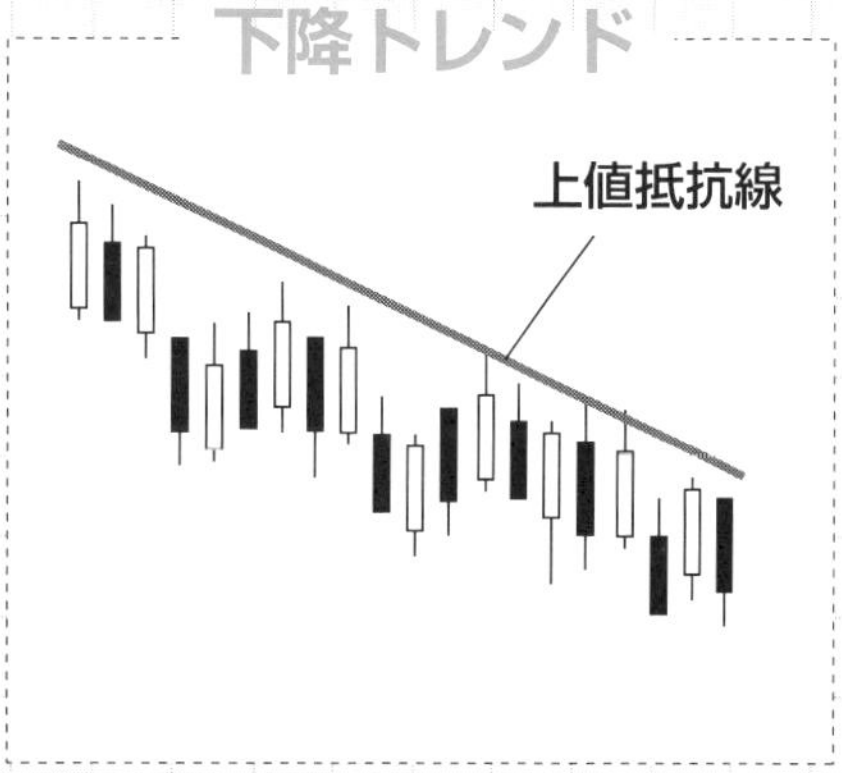

銘柄選びのヒントとコツ その07

ローソク足の基礎知識③
売買の強いシグナル「包み線」

強い売買のシグナル「包み線」を見逃さない

ロウソク足のトレンドの中でも、「これが出現したら要チェック」というサインがあります。左ページの「日足」の図形をよく見てください。前日の「陰線」に対して、それを完全に包み込むような形になっています。

これは前日まで「売り」のエネルギーが強かった銘柄が、ここで一気に「買い」のエネルギーが支配的になったことを意味しています。投資家たちの「弱気」の心理がここへ来て一気に反転して、「強気」へ転換したことを表しているのです。

当然、この場面は強い「買いシグナル」です。特にこの銘柄が底値圏にある場合、上昇トレンドへの転換点になることが多いです。

このように、前日の「陰線」を完全に包み込むような形で「陽線」が出現するパターンを「包み線」といいます。「包み線」は、売買のタイミングを計るうえで、重要な指標になります。

さきほど紹介したものとは逆の、前日の「陽線」を「陰線」が包み込む形の「包み線」では、前日までの「買い」のエネルギーを強い「売り」のエネルギーが飲み込んでいると見ることができます。特に高値圏でこの「包み線」が出ると、強い「売りシグナル」になることが多いです。

トレンドが反転？パワーの弱い「はらみ線」

「包み線」とは反対に、前日の「大陰線」に続いて、「小陽線」が出現するパターンを「はらみ線」といいます。

これは、「売り」から「買い」へ相場は反転したけれど、そのエネルギーが弱いことを示しています。

前日の値動きを超えることができないため、トレンドは反転したかもしれないが、その勢いが弱く、大幅な株価の上昇が見込めるかは予測できない形です。

「大陽線」から「小陰線」の場合は、その逆の現象を意味します。

チャートに表れる売買のサイン「包み線」と「はらみ線」

買いと売りのシグナル

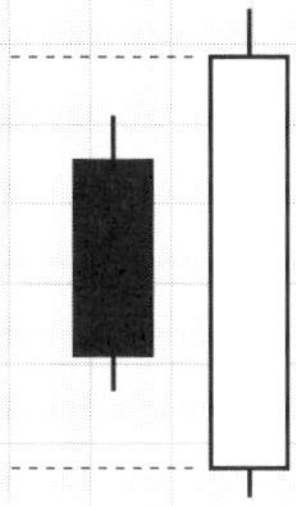

前日のローソク足の幅より大きい陽線が出たとき

買いシグナル

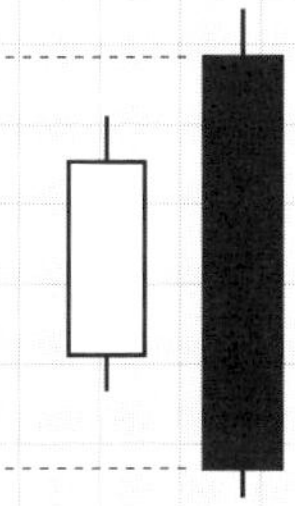

前日のローソク足の幅より大きい陰線が出たとき

売りシグナル

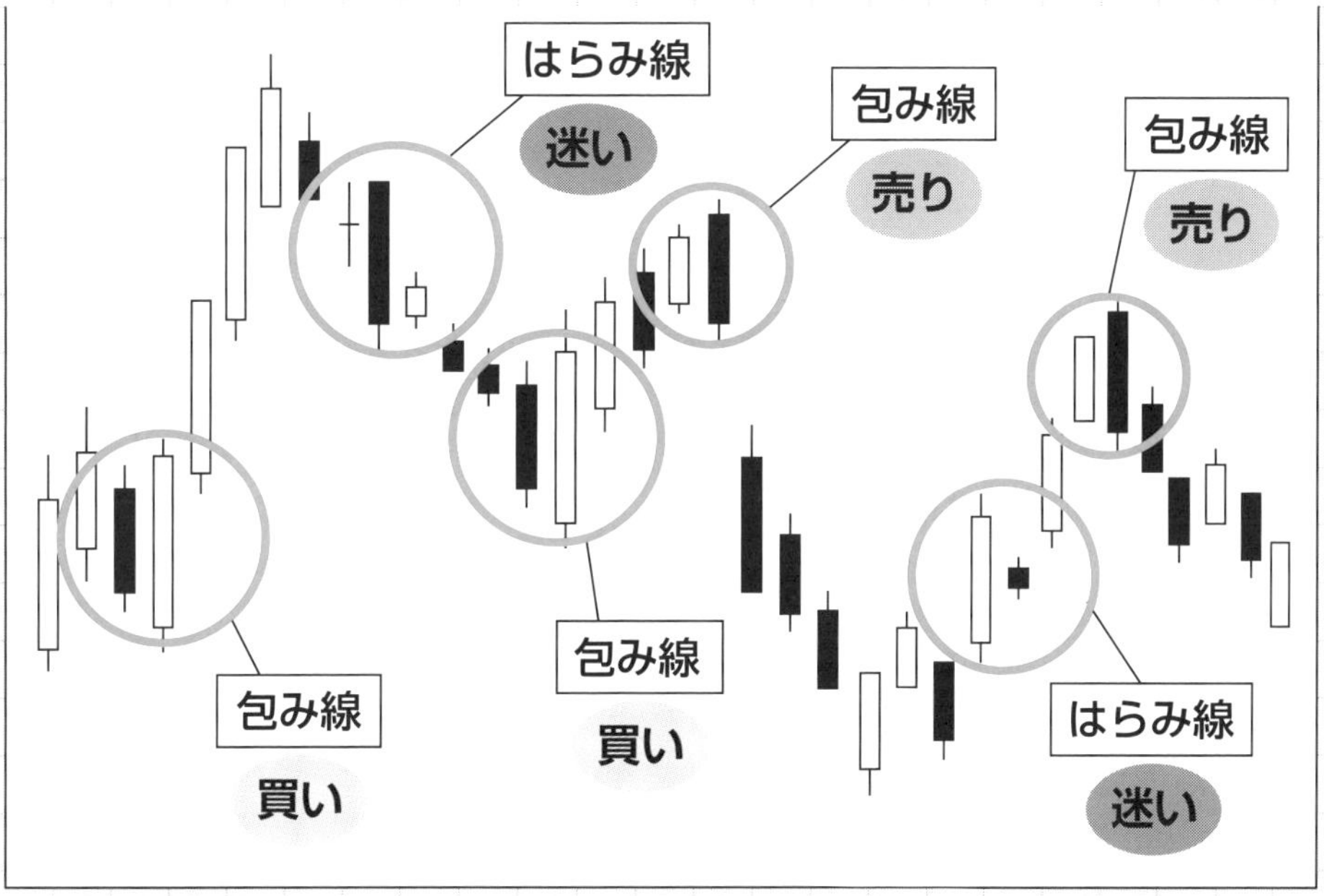

過去の包み線出現をチェックしていくと面白いですよ

銘柄選びのヒントとコツ
その08

ローソク足の基礎知識④
トレンド転換を知らせる「ヒゲ」と「マド」

未来の株価を予測する ローソク足の「ヒゲ」

「ヒゲ」とは、ローソク足の上下に伸びる線のことです。柱の上に伸びる線を「上《うわ》ヒゲ」、下に伸びる線を「下《した》ヒゲ」といいます。

「上ヒゲ」「下ヒゲ」は、「高値」と「安値」を示しています。この「上ヒゲ」と「下ヒゲ」の長さの違いによって、相場の変動幅を知ることができるようになっています。

たとえば、ある銘柄が急騰した場合、ローソク足の柱は、とても長い「大陽線」になります。特に相場が強いときは、ずっと「大陽線」が続いて、ヒゲは下ヒゲだけが伸びていきます。

しかし、徐々に柱の部分が短くなり、上ヒゲが出現し始めるとその銘柄は上昇のエネルギーを失って、トレンド転換で下降局面に移行する可能性が高くなるのです。

このように「ヒゲ」は柱と合わせて、未来の株価を予測する、大切な役目を果たします。一般的に「ヒゲが伸びている方向にトレンドは動かない」と覚えておくといいでしょう。

相場の強いエネルギー ローソク足の「マド」

「マド」については左ページの下図をご覧になってください。

ローソク足とローソク足の間に大きな空間ができています。これを「マド」といい、この現象が現れることを「マドを開ける」といいます。

下図左の「買いサイン」は、その銘柄に何か好材料があって「買い」が集中した結果、前日の「高値」よりも本日の「安値」の方がとても高くなったことで隙間が空いています。これは相場のエネルギーがとても強く、株価の急上昇が見込めるため、「買いシグナル」となります。

これが逆の形になると「売り」サインになります。

チャートを見るときは、ローソク足の「ヒゲ」と「マド」に注目してみましょう。

相場の転換を知らせるサイン「ヒゲ」と「マド」とは？

長いヒゲは売買のシグナル

上ヒゲ

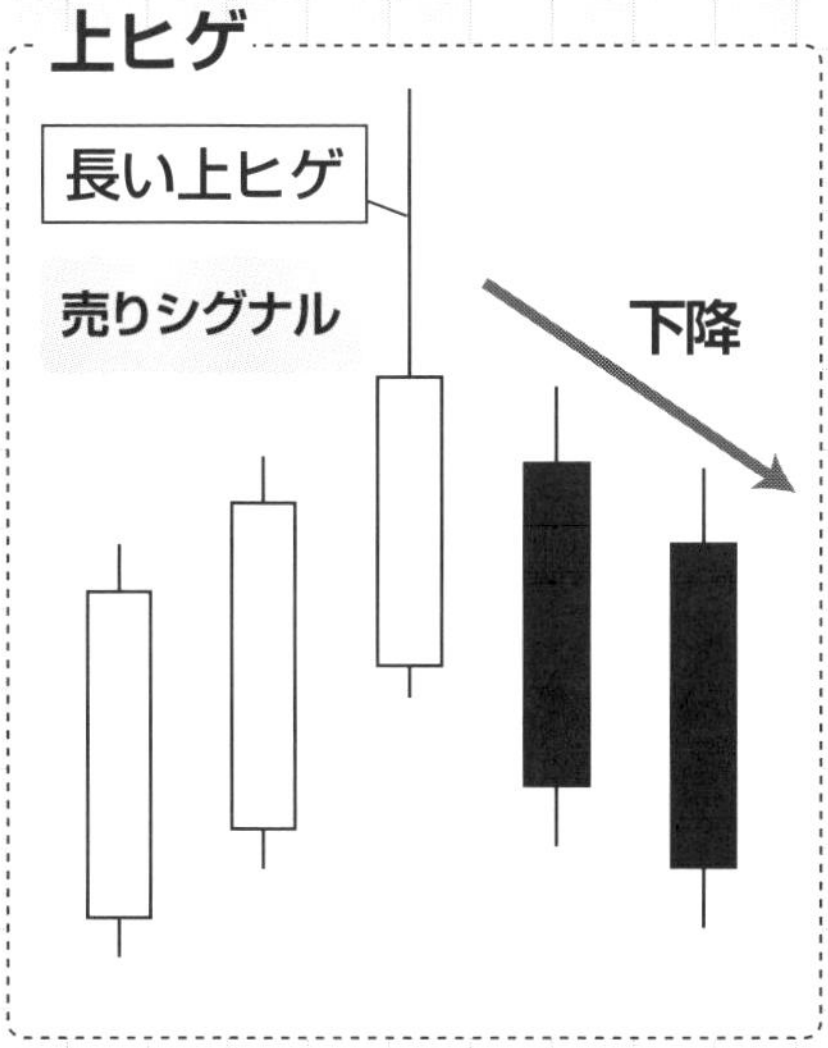

下ヒゲ

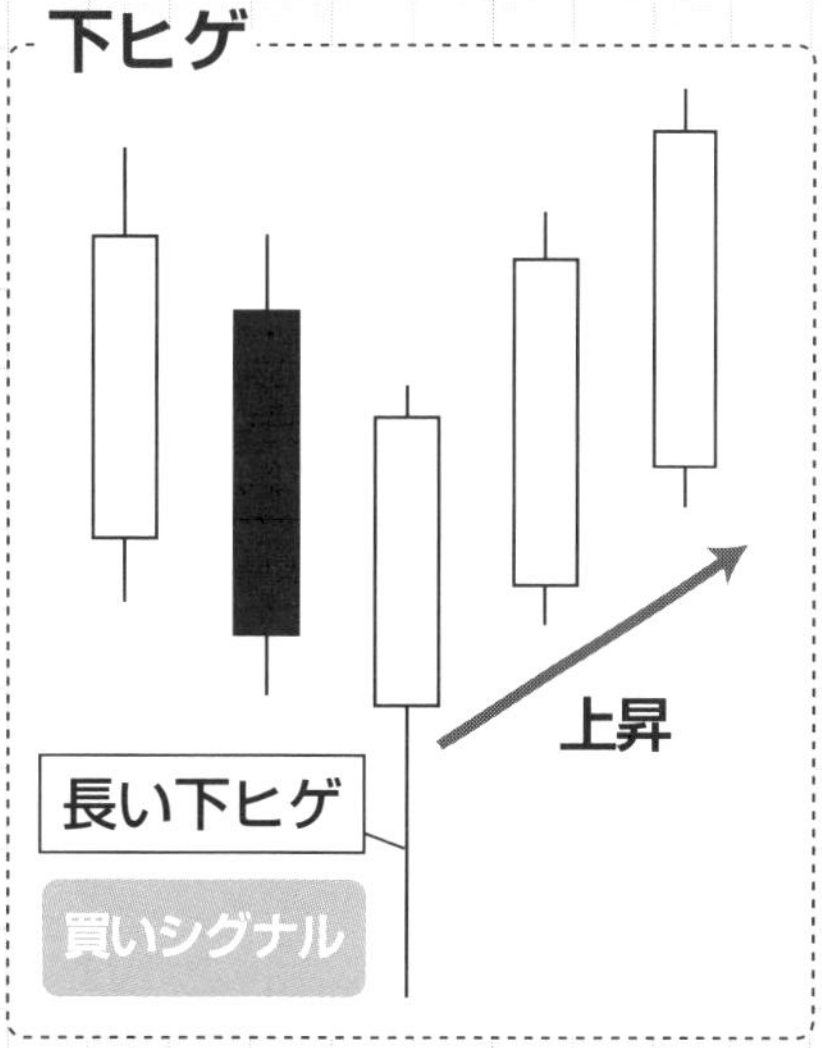

マド開けは売買のシグナル

買いのサイン

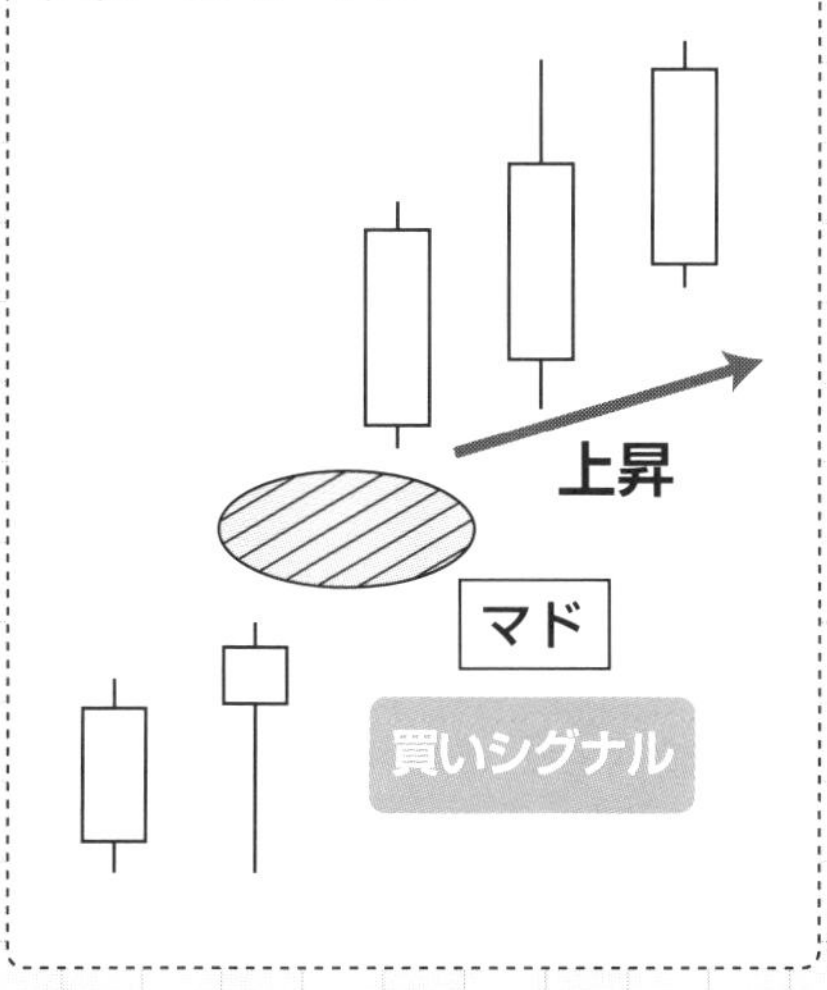

売りのサイン

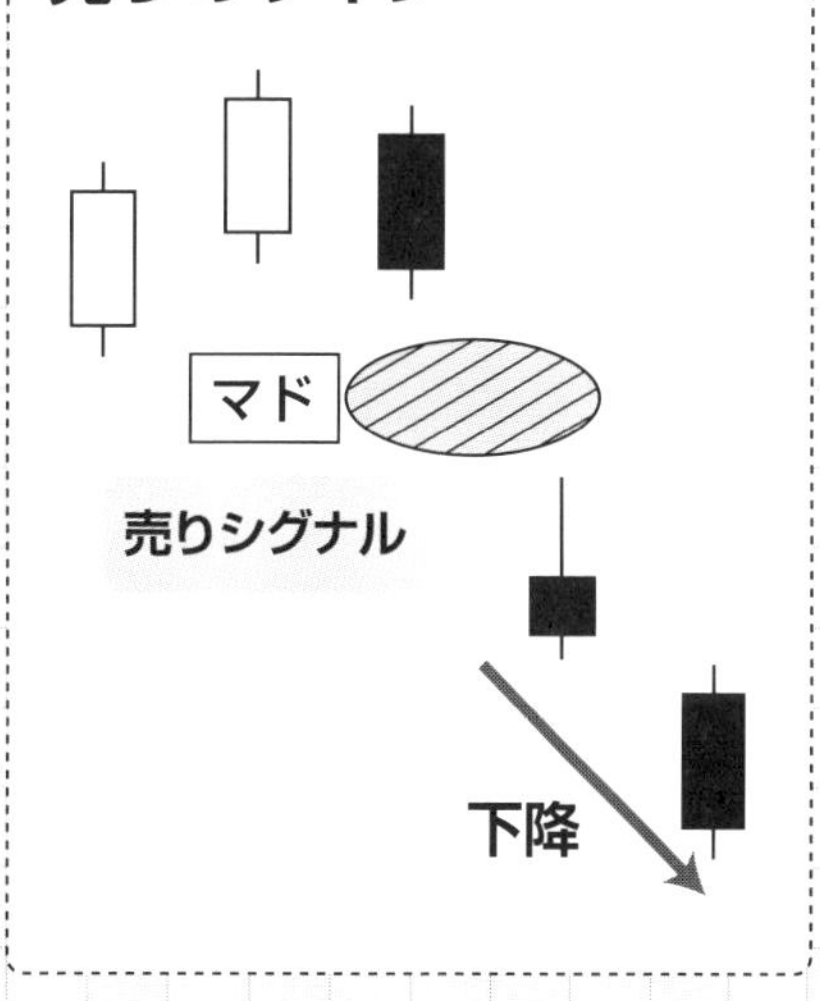

※「ヒゲ」と「マド」は、出現すれば株価が必ず上昇・下落するわけではなく、株価が逆行する場合もあります。

銘柄選びのヒントとコツ その09

チャートの基礎知識①

「日足」「週足」「月足」を使い分ける

チャートのチェックにも正しい順番がある

すでに説明したとおり、ローソク足にもいくつか種類があって、投資家のトレードのスタイルによって使い分けます。「日足」「週足」「月足」は、それぞれ、ローソク足を形成する期間の違いによって、作成されたものです。

44ページでも説明しましたが、株価の1日の動きを表したものが「日足」で、1週間の動きを表したものが「週足」、1か月の動きを表したものが「月足」です。

一般的には、スパンの長い「月足」から、「週足」、そして「日足」といった順番で、チャートを見ていくというのが定石とされています。

日足だけでは不十分 チャートは組み合わせて

スマホで株取引というなら、最も着目すべきローソク足は、やはり、「日足」になります。その銘柄の一日の詳細な値動きを「日足」で見て取ることができるからです。

ただ、「日足」だけを見ていると思わぬ失敗が生じるおそれもあります。「日足」で「買い」と判断できる局面が、「週足」で見ると、単なる「戻り」だったというケースも多々あるからです。

「週足」はより長いスパンにおける株価の動きを確認するために用いられます。実際の売買には、「週足」も参考にしてください。

楽天証券の「iSPEED」を起動させてみましょう。

「ログイン画面」から、あなたがチェックしたい銘柄の画面へ飛んでください。そうしたら「チャート」をタップ。「5分足」「日足」「週足」「月足」に4分割された画面（31ページ）が表示されました。それぞれのチャートをタップすれば、より詳細なチャートを確認することができます。

チャートの使い分けができるようになれば、株の成績は自ずと向上していくことでしょう。

「日足」と「週足」を使い分けよう

日足

週足

限られた時間で判断するなら日足のみチェック

長期スタンスでもいい場合や、ちょっと悩んだときは週足もチェック

【日足】

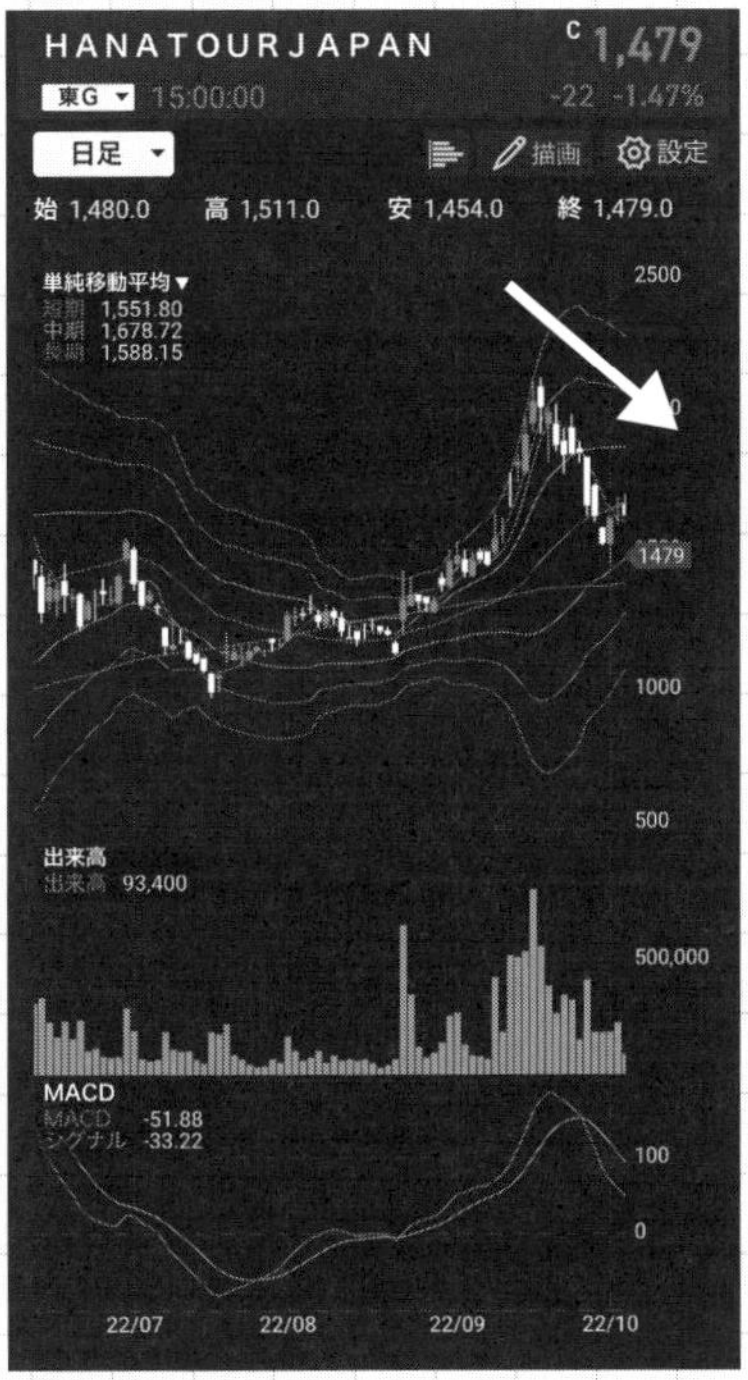

日足では下降トレンドに移ったように見える

【週足】

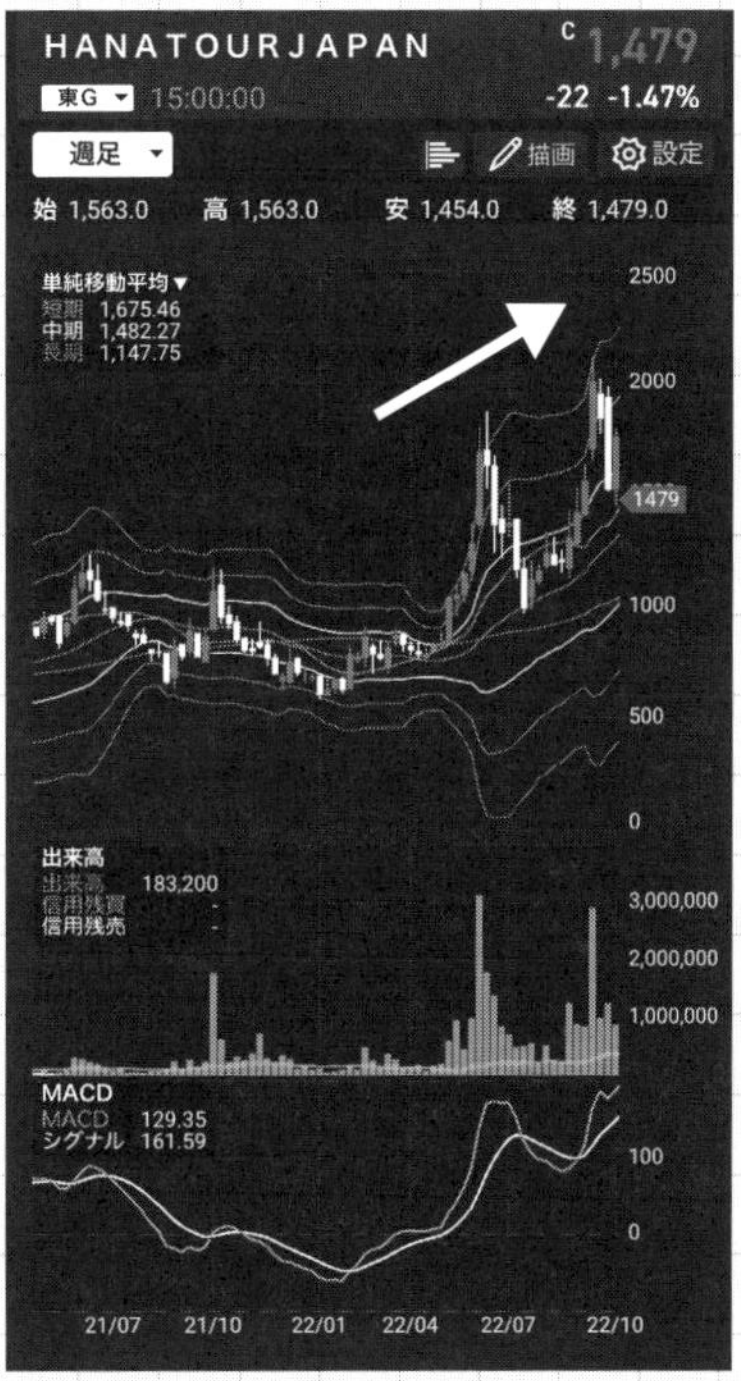

週足では上昇トレンドはまだ継続しているように見える

同じ日のチャートでも日足と週足では異なるトレンドに見える

銘柄選びのヒントとコツ その10

チャートの基礎知識②

ボックス、ダブル&トリプルトップ・ボトム

チャートの描く線も売り買いの重要なヒント

「ボックス」とは、株価がまるで箱（ボックス）に入っているかのように、一定の値幅で上昇・下降を繰り返す相場のことをいいます。

買い材料、売り材料がともに乏しく、売買のエネルギーそのものが弱い、いわゆる「持ち合い」相場のことです。

長い持ち合いで相場のエネルギーが蓄積され、上値同士を結んだ「上値抵抗線」、下値同士を結んだ「下値支持線」をトレンドが突き破ると、一気に相場がブレイクすることがあります。

「ダブルトップ」とは、株価がいったん天井をつけた後、下落し、再び、上昇したものの天井には届かず、再び下落する形のことをいいます。

結果として、チャートはアルファベットの大文字の「M」の形になります。株価が上昇するエネルギーを喪失したと判断され、強い「売りシグナル」を意味します。

「ダブルボトム」は、「ダブルトップ」とはあべこべに、株価がいったん底値を付けた後、上昇し、再び下落したのち、再度、上昇へ向かうというチャートの形です。

こちらはチャートがアルファベットの「W」の形になります。株価が底を打ったと判断され、強い「買いシグナル」を意味します。

つまり、高値圏での「ダブルトップ」とは、その銘柄が下降トレンドへ転換するシグナル、底値圏での「ダブルボトム」とは、上昇トレンドへ転換するシグナルと見ることができます。

そのほか、「トリプルトップ」「トリプルボトム」というものもあります。「トリプルトップ」は、別名「三尊天《さんぞんてん》井《じょう》」、「トリプルボトム」は別名「逆三《ぎゃくさん》尊《ぞん》」とも呼ばれます。

「トリプルトップ」は「ダブルトップ」よりも強力な「売りシグナル」、「トリプルボトム」は「ダブルボトム」よりも強力な「買いシグナル」になります。

チャートがどのような線を描いているのか、注目してみましょう。

チャートのサインを読み解こう！

ボックス

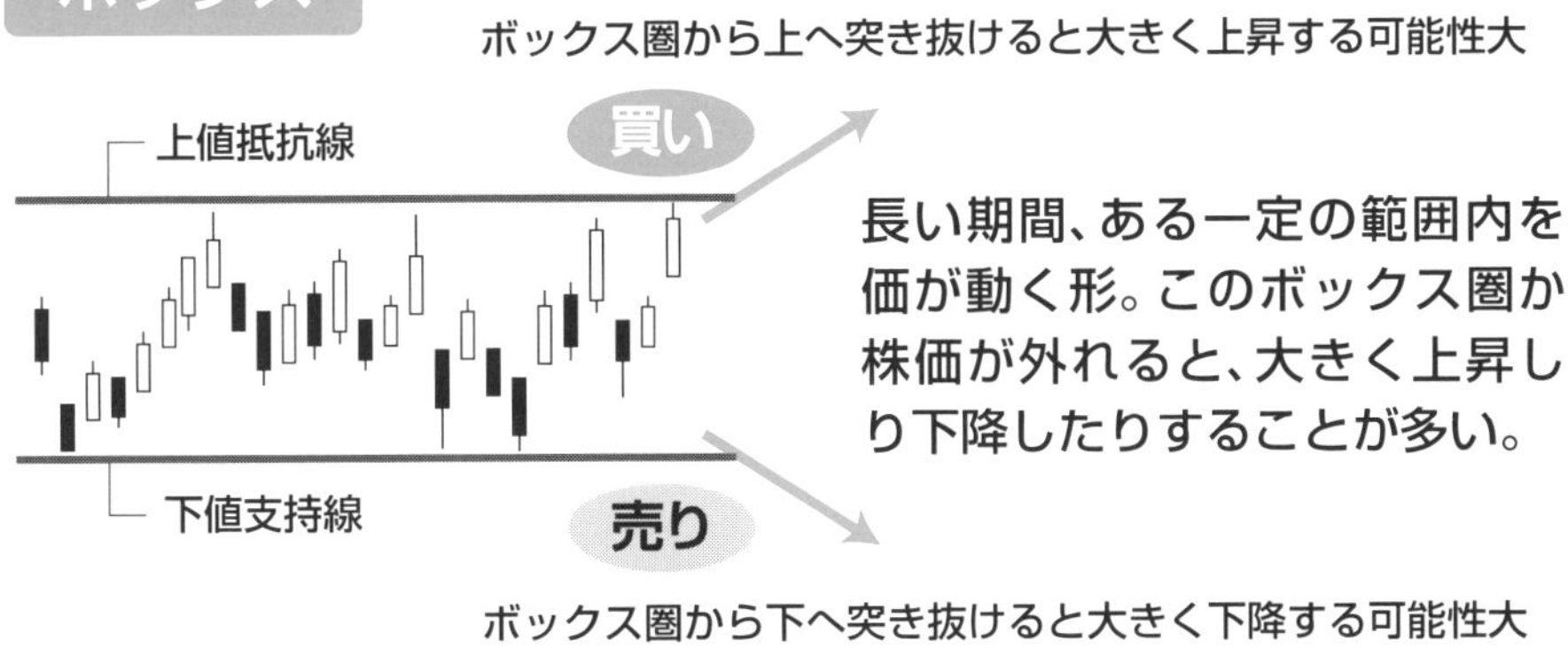

長い期間、ある一定の範囲内を株価が動く形。このボックス圏から株価が外れると、大きく上昇したり下降したりすることが多い。

ダブルトップ

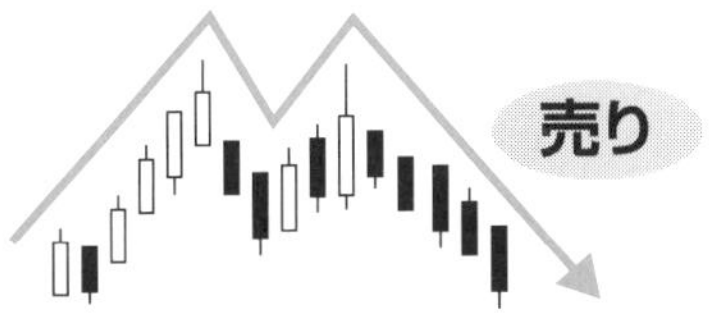

株価が上昇し高値をつけたあと、再度その高値を抜こうと挑戦するが届かず下がっていくと「M」の形になる。売りシグナル。

ダブルボトム

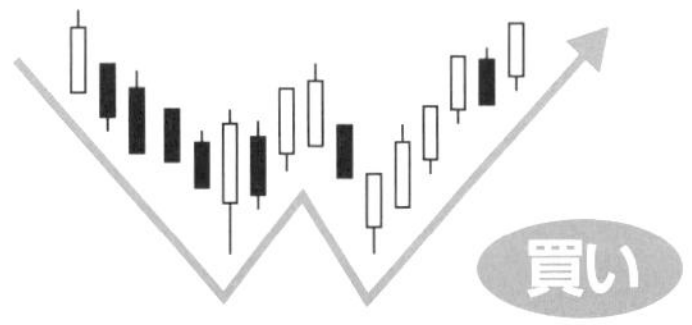

株価が下降し、底値をつけたあと、再度さらに底値をつけようとする動きになるが、株価が持ち直していくと「W」の形になる。買いシグナル。

トリプルトップ

株価が上昇し高値をさぐるように3回挑戦すると山と谷が図のような「三尊天井」という形になる。売りシグナル。

トリプルボトム

株価が下降し、底値をさぐるように3回挑戦すると山と谷が図のような「逆三尊」という形になる。買いシグナル。

銘柄選びのヒントとコツ その11

オススメ指標①「移動平均線」ってなに？

株価の重要な判断材料「移動平均線」とは？

楽天証券の「iSPEED」を起動してチャートを表示しましょう。ローソク足のチャートに、パープル（短期線）、グリーン（中期線）、ブルー（長期線）のラインが付帯していることに気づかれると思います。

この線は「移動平均線」といい、一定期間の株価（終値）を平均化して線グラフにしたものです。

「移動平均線」は、ローソク足との組み合わせで、株価の判断材料として用いられます。たとえば、ローソク足が中長期の移動平均線の上にあれば、平均値より株が買われているということで、「買い」のエネルギーが強い相場だと判断できます。ローソク足が中長期の移動平均線の下へ移動する形になった時、それは銘柄が売られ始めた可能性が高いことを意味しています。

「ゴールデンクロス」と「デッドクロス」

この「移動平均線」の動きから、相場のトレンドの転換を予測することができます。

株価が下降トレンドにある時、短期移動線はほぼ、長期移動線の下に位置していることが多いものです。

株価が上昇に転じる流れになると、短期移動線が上向きにカーブを描くようになります。このカーブがさらに上向き、長期移動線を下から上に突き抜ける（ブレイクする）と、この相場は上昇トレンドに転換したと判断できます。この現象を「ゴールデンクロス」といいます。

あべこべに、株価が上昇トレンドから一服すると、短期線が長期線を上から下に突き抜ける（ブレイクする）時がやってきます。そのブレイクの時点で、この相場は下降トレンドに突入したと判断できるわけです。この現象を「デッドクロス」といいます。

この「ゴールデンクロス」「デッドクロス」が、最もポピュラーな「買い」と「売り」のサインとなります。

おすすめの指標「移動平均線」

移動平均線とは？

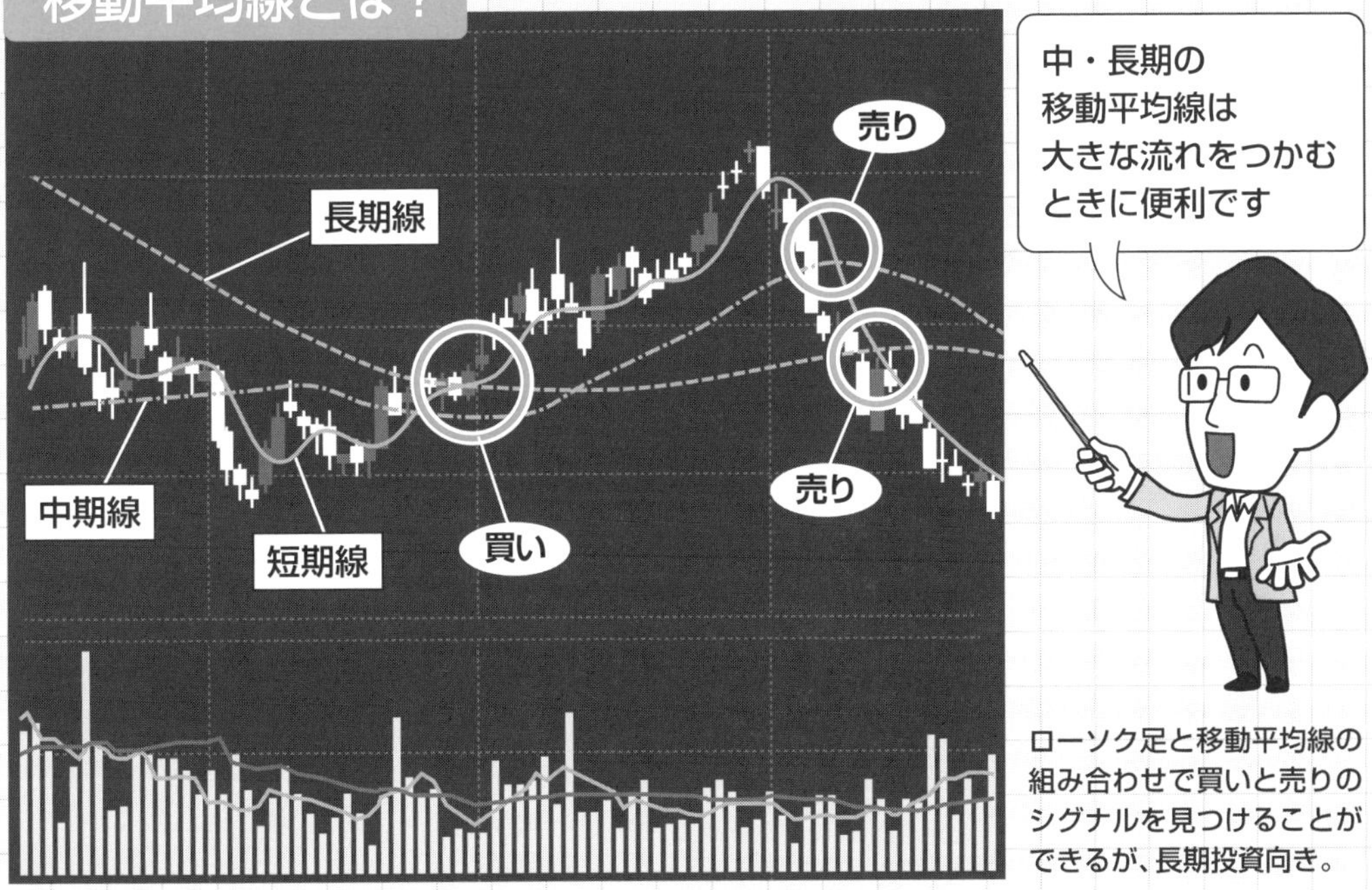
売り
長期線
中期線
短期線
買い
売り
中・長期の移動平均線は大きな流れをつかむときに便利です

ローソク足と移動平均線の組み合わせで買いと売りのシグナルを見つけることができるが、長期投資向き。

ゴールデンクロスとデッドクロス

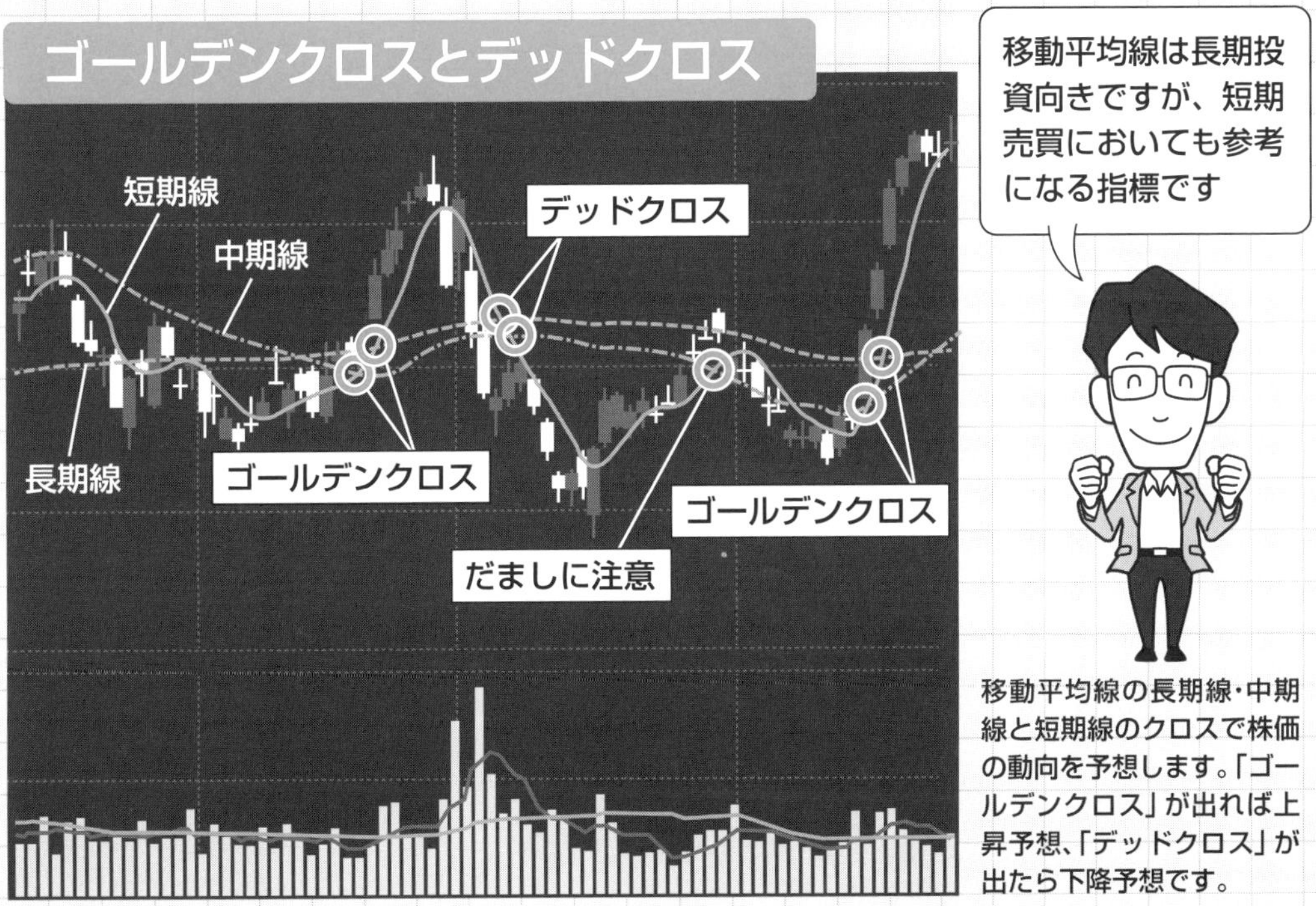
短期線
中期線
デッドクロス
長期線
ゴールデンクロス
ゴールデンクロス
だましに注意
移動平均線は長期投資向きですが、短期売買においても参考になる指標です

移動平均線の長期線・中期線と短期線のクロスで株価の動向を予想します。「ゴールデンクロス」が出れば上昇予想、「デッドクロス」が出たら下降予想です。

銘柄選びのヒントとコツ その12

オススメ指標②「ボリンジャーバンド」を読み解こう

統計学の手法に基づく「ボリンジャーバンド」

「ボリンジャーバンド」とは、「移動平均線」の上下に「標準偏差」、つまり、値動きの幅を示す線を加えたテクニカル分析の指標のことです。

80年代にアメリカの投資家ジョン・ボリンジャー氏が考案したもので、「株価の大半がこの帯（バンド）の内側に収まる」という統計学を応用した手法になります。

楽天証券「iSPEED」の場合、レッドで表される「移動平均線」の上下に、それぞれグリーン・ブルー・パープルで表されるσ（シグマ）という「標準偏差」のラインが引かれています。これが「ボリンジャーバンド」です。

移動平均線を中心に、上に1σ（シグマ）・2σ・3σ、下に－1σ・－2σ・－3σの合計7本のラインが引かれます。株価が高値側の「標準偏差」、つまり、2σや3σに接近すれば、「売り」のサイン、逆に－2σ、－3σといった安値側に接近すれば、「買い」のシグナルと判断されます。

「ボリンジャーバンド」には、「スクイーズ」「エクスパンション」「バンドウォーク」という動きがあります。

「スクイーズ」とは、英語で「絞る」という意味。「売り」と「買い」のエネルギーが交錯し、危うい均衡を保っている状態のことです。いったん、トレンドが発生すると、株価が大きく上昇したり下落する可能性の高い、とても危険で、また魅力的な状況です。

「エクスパンション」とは、英語で「拡張」の意味。「スクイーズ」でため込んだ売買のエネルギーが、上昇か、下落、どちらかの方向に解放された状態を意味します。

「バンドウォーク」とは、物価が±2σのラインに沿って推移していく状態のことです。とても強いトレンドで、上昇トレンドの場合、しばらく株価の上昇が続くと判断できます。下降トレンドで「バンドウォーク」が出現した場合、いずれ大きな反発があると予想されるので、「買い」のタイミングを逃さないようにしましょう。

統計学で予想「ボリンジャーバンド」

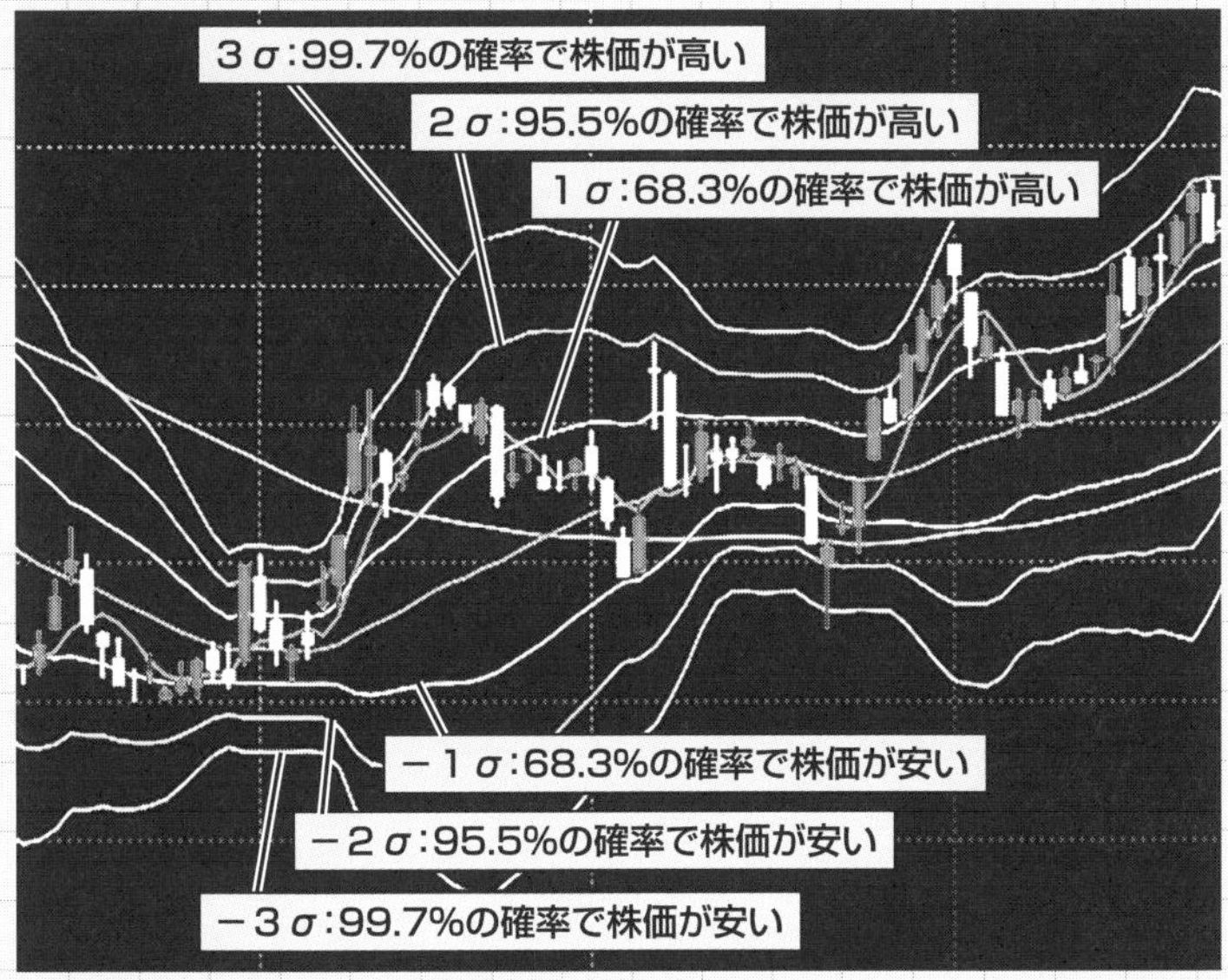

株価が2σや3σのバンドの上に位置している場合は売りのサイン。逆に株価が−2σや−3σの下にある場合は買いのサインです。

ボリンジャーバンドの見方

スクイーズ

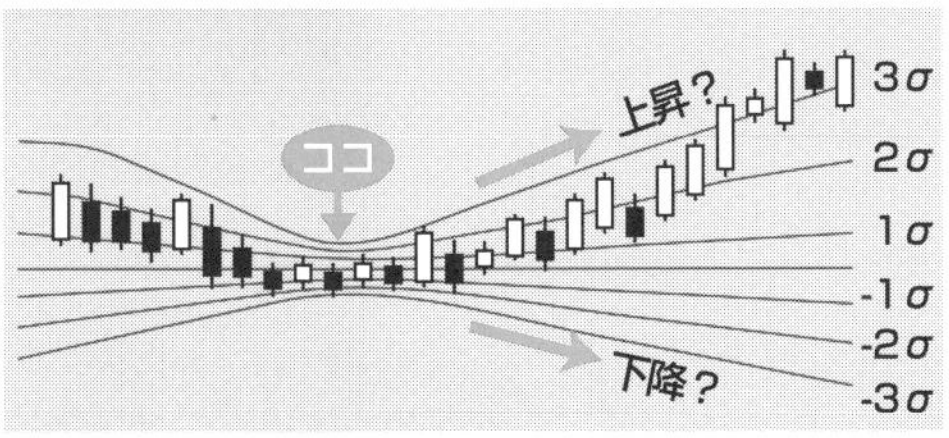

バンドの線が絞られて集まっているような状態。このサインが出たら、株価は上か下に大きく動くことが多い。

「iSPEED」のボリンジャーバンド表示方法

「個別銘柄」を表示→画面右上にある「設定」アイコン→「トレンド」→「ボリンジャーバンド」を選択。62ページ紹介している「ストキャスティクス」は、「個別銘柄」を表示→画面右上の「設定」アイコン→「オシレーター」→「ストキャスティクス」を選択すると表示されます。

エクスパンション

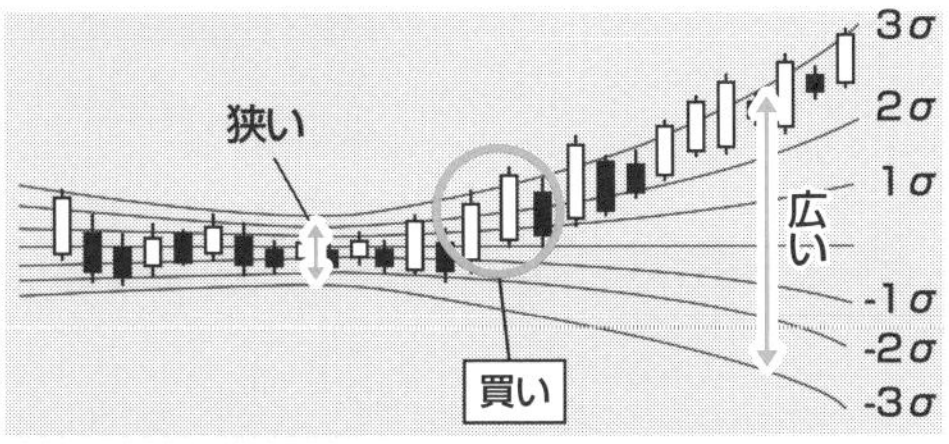

ボリンジャーバンドの線と線の幅が絞られた狭い状態から広い状態にかわって2σ、3σの線を越えてきたら買いの準備をする。

バンドウォーク

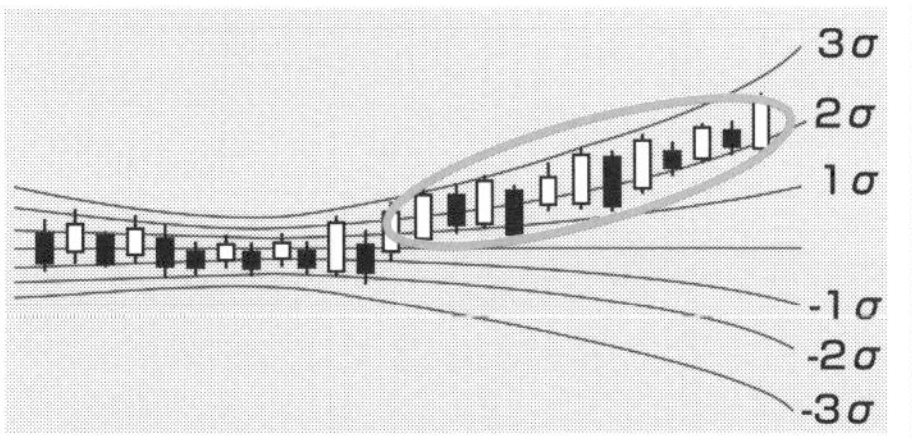

2σのラインを基準に株価が推移していきます。長く上昇していくことがあります。

銘柄選びのヒントとコツ その13

オススメ指標③「ストキャスティクス」も活用しよう

テクニカル分析の指標「ストキャスティクス」

株価のテクニカル分析の指標に「ストキャスティクス（stochastics）」というものがあります。

これはアメリカのチャート分析家、ジョージ・レーン氏によって考案された、「買われ過ぎ」「売られ過ぎ」を判断する指標です。

「％K」「％D」の2本のラインを利用した「ファースト・ストキャスティクス（fast stochastics）」と、「Slow%K」「Slow%D」のラインを利用した「スロー・ストキャスティクス（slow stochastics）」の2種類に分類されます。

計算式は複雑で、ここでは書ききれませんが、アプリが自動的に計算してくれますので、我々はその計算結果を見るだけでいいのです。

複雑な計算で算出される売りと買いのサイン

相場は、上昇局面では「終値が高値近辺で取引終了」、下降局面では、「終値が安値近辺で取引終了」という傾向にあります。

ストキャスティクスは、この相場の傾向をもとに開発された指標で、設定値に基づいた終値と最高値・最安値を用いて計算が行われ、出力されます。

基本的には、ストキャスティクスの数値が20％以下であると「売られ過ぎ」、80％以上であると「買われ過ぎ」であると判断されます。つまり、20％以下なら、「買いサイン」、80％以上なら、「売りサイン」であると認識するのが一般的です。

2本のラインが上方に位置している場合は、目先の欲に惑わされず、売却してしまいましょう。

2本のラインが下方に位置している場合は、「買い」シグナルになります。

一般的には、3本のラインで構成されますが、iSPEEDの場合、「％K」線と「％D」線の2本のライン（ファースト・ストキャスティクス）で表示されます。

「ストキャスティクス」の見方

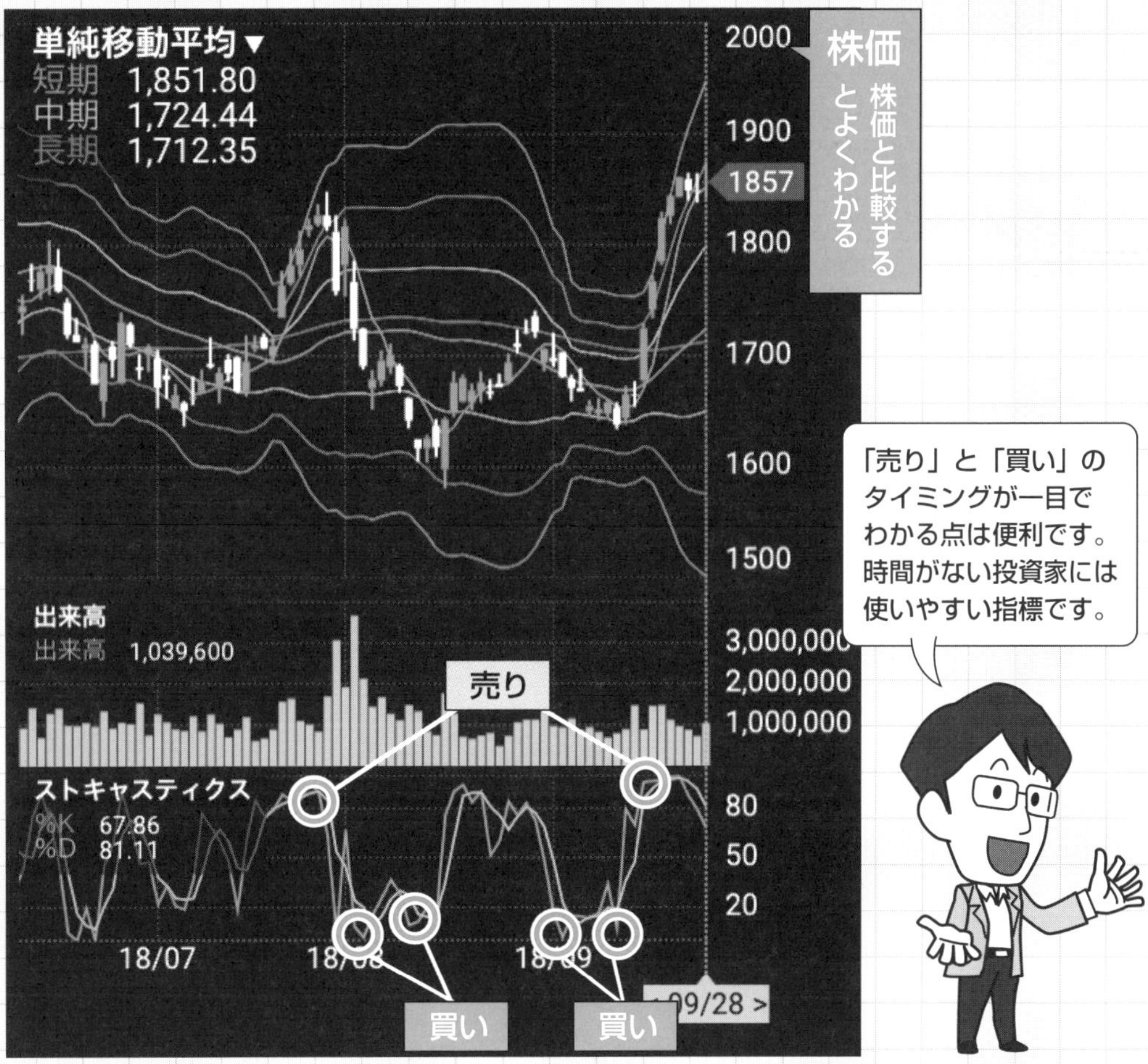

「iSPEED」のお気に入り画面

気になる株の銘柄を毎日チェック

お気に入り登録を活用しよう

「いずれ、この株を買いたい!」

株式投資をしていると、気になる銘柄がどんどん増えていくはずです。

注目している銘柄をアプリのお気に入り登録しておけば、一覧からその銘柄をタップするだけで、すぐに詳細な情報を閲覧できます。

楽天証券の「iSPEED」の場合、1ページごとに日本株100銘柄、米国株100銘柄の計200銘柄。これが10ページで、最大2000銘柄まで登録が可能です。

注目している銘柄を毎日、チェックしているとその銘柄の株価変動の「くせ」が分かってきて、売買のタイミングをつかむ練習になります。

「お気に入り」には、大型株、新興株などの小型株、配当利回りのいい株、株式投資サイトなどで取り上げられた株など、様々なジャンルの銘柄を登録しておくといいでしょう。

銘柄選びのヒントとコツ その14

オススメ指標④ 売買の注文状況がわかる「板」

売りたい、買いたいが一目でわかる「板」情報

株式相場とは、株を買いたい人たちと売りたい人たちの大量の注文が飛び交う世界です。

その売買の状況を一目で確認できるようにまとめたのが、「板《いた》」と呼ばれる一覧表なのです。

「板」情報を見ると、その銘柄に対して、買い注文がどれだけ出ているか、売り注文がどれだけ出ているかが確認できます。

中央に「気配値《けはいね》」が表示され、その右側（買い板といいます）に株価ごとに「どれだけの数、買い注文が出ているか」、左側（売り板といいます）に「どれだけの数、売り注文が出ているか」が表示されます。

「板」情報を読めれば株価の推移も予想できる

左ページの上の図をよくご覧になってください。

「１００５円には、２００株の売り注文が出ている」

「１０００円には、６００株の買い注文が出ている」

この売買の状況が一目で確認できますね。当然、買い注文が多ければ、その株価は上昇し、売り注文が多ければ、その株価は下落していくことになります。

左ページ右下の図では、「売り板」の方が「買い板」より厚く、この銘柄は、先々、下落していく可能性が高いと判断できます。

逆に左ページ左下の図のように、買い板の方に、売り板とはケタの違う注文数が並んでいたら、買いのパワーが強いということで株価が上昇する可能性が高くなります。

ただ、ある指値の注文が突出して大きい場合、その注文が壁となって上にも下にも株価が動いていかないようになるケースもありますので、注意しましょう。

大量の注文状況が一目でわかる「板」の見方

板の基本的な見方

売		買
200	1030	
700	1025	
100	1020	
400	1015	
600	1010	
200	1005	
	1000	600
	995	400
	990	700
	985	100
	980	2000
	975	300

1005円で200株分、1010円で600株分売りたい人がいる。注文を出している人が1人なのか複数なのかはわからない。

売りの注文の金額と買いの注文の金額と株数が合うと売買が成立する。

1000円で600株分、995円で400株分の買いたい人がいる。

■「買い」のタイミングの板の例

上昇

売		買
	1030	
400	1025	
100	1020	
200	1015	
300	1010	
100	1005	
	1000	3000
	995	4200
	990	2800
	985	7500
	980	6800
	975	2300

売りたい株数より買いたい株数の方が一目で多いとわかる

■「売り」のタイミングの板の例

下落

売		買
3100	1030	
2600	1025	
1900	1020	
3100	1015	
2800	1010	
4000	1005	
	1000	300
	995	100
	990	300
	985	200
	980	400
	975	100

買いたい株数より売りたい株数の方が一目で多いとわかる

スマホで株式投資コラム③

『四季報』や経済ニュースもしっかりカバー

『四季報』とは、東洋経済新報社が年4回（3月、6月、9月、12月）発行している情報誌です。

『四季報』に掲載された情報によって、株価が大きく動くほどの影響力があります。社名や事業内容、特色といった基本情報はもちろん、売上高・営業利益・経常利益・純利益・1株当たりの当期純利益（EPS）・1株当たりの配当など、詳細な財務情報を閲覧することができます。売り上げと利益が増加傾向にある銘柄が有望です。PER・PBR・ROEといったファンダメンタルの指標で株価の割安度をチェックすることができます。そして、チャートを眺めて、テクニカル分析で買い時、売り時を計ることができます。『四季報』は書店で購入すれば2000円以上する情報誌ですが、楽天証券・SBI証券・SMBC日興証券・マネックス証券の会員ならば、スマホのアプリで簡易版が無料で閲覧できます。

楽天証券の「iSPEED」では、日本経済新聞社が提供する「日経テレコン」の記事を無料で読むこともできます。「Market Today」から「楽天証券マーケットNEWS」で市場の動向や注目したい銘柄の解説を視聴することもできます。

「コロナショック」や「ロシアのウクライナ侵攻」など、予想外のサプライズは、株価に大きな影響を与えるので、主要な記事のチェックは欠かせません。

アプリで「マーケット」の「市況」から「USD／JPY」をタップ。為替では最低、ドルと円の動向は必ず把握しましょう。これら、株式投資に必要な情報の閲覧は、スマホだけで十分です。

『四季報』はここをチェック（楽天証券「iSPEED」の場合）

■ 企業情報をチェック

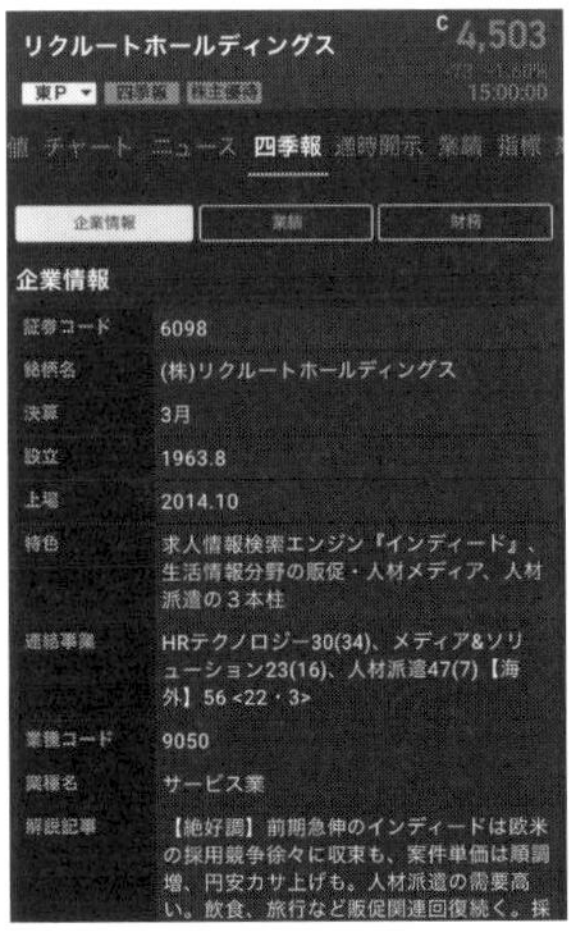

■ 業績をチェック

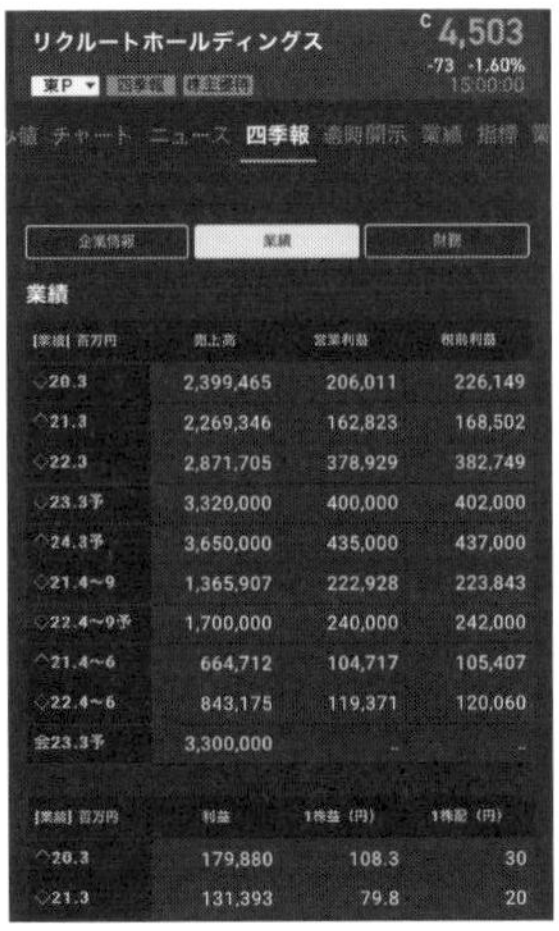

■ 配当情報をチェック

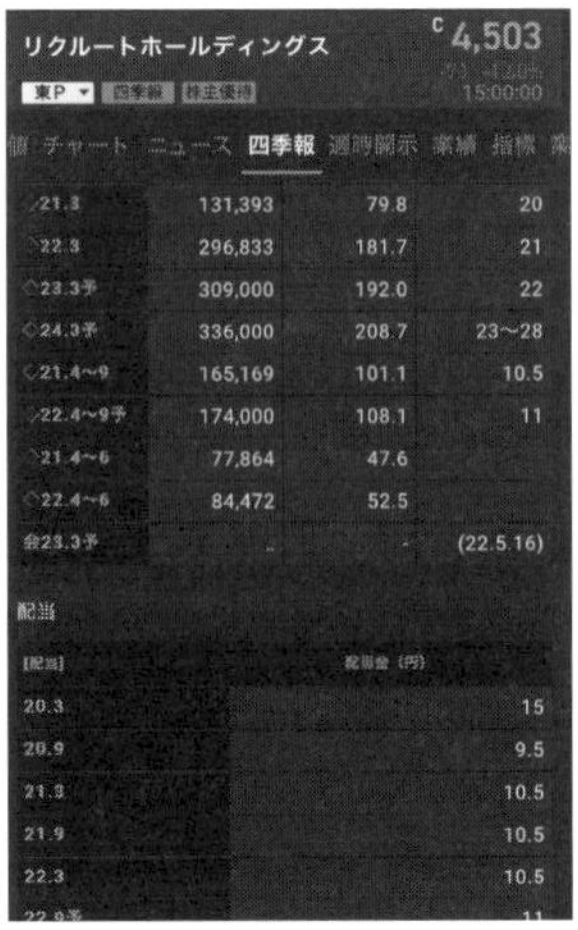

【第四章】

一生続けるための株式投資のルールとコツ

一生続けるためのルールとコツ その01

買い方はかんたん①
「指値」と「成行」のやり方を知ろう

株の注文方法は2種類「成行」と「指値」

スクリーニングやチャートなどの指標を駆使して欲しい株が決まったら、いよいよ売買開始です。

株の取引には、大きく分けて2種類のやり方があります。

ひとつは、いくらでもいいから買いたい（売りたい）という注文の出し方、これを「成行注文《なりゆき》」といいます。もうひとつは、いくらになったら買いたい（売りたい）と、あらかじめ値段を指定して売買する「指値注文《さしね》」です。

この2つの注文のやり方をよく理解して、適切に使い分けられるようにしましょう。

「成行」と「指値」のメリット・デメリット

「指値」と「成行」には、それぞれ長所と短所があります。

「指値」とは、「何円まで下落したら、買いたい」「株価が何円に上昇したら、売りたい」という具合に売買の値段を指定する注文方法です。

この指値は、前日の終値をもとに上限と下限が設定され、あまり極端な値段で指値を指定することはできない仕組みになっています。「指値」は、希望した価格で売買が成立するメリットと、売買が成立せず、チャンスを逃すおそれがあるというデメリットがあります。

これに対して、「成行」はその時点における相場で成立した値段でいいから、とにかくその株を買いたい（売りたい）という時に用います。

売買が成立しやすいメリットがある一方、あなたが想定していない高値で買ったり、安値で売れたりするデメリットがあります。

「指値」による注文は、「より高く、自分の目標価格で売りたい」「より安く買いたい」時に使用し、「成行」による注文は、「とにかく早く買っておきたい」「即売っておきたい」という局面で使用するという認識でいいと思います。

キホンの注文方法
「指値」と「成行」の違い

買い注文
指値
希望する株価でないと買いたくないわ
希望の価格になるまで待てます
指定した株価まで買えないかもしれないけど仕方がないね
成行
買えるならいくらでもいいよ
売りが出てればすぐ買えるね
予定より高く買うことになっちゃった

一生続けるためのルールとコツ
その02

買い方はかんたん②「通常」、「逆指値」と「逆指値付通常」

「通常」と「逆指値」２種類ある指値注文

株の売買には、「成行」と「指値」の２種類があると前項で説明しました。次はこの「指値注文」について、もっと詳しく見ていきましょう。

「指値注文」には、大きく分けて「通常」と「逆指値《ぎゃくさしね》」の２つの種類があります。

「通常」は、「この株を指定した値段以上で売りたい」、「指定した金額以下で買いたい」という注文の仕方です。さきほどの項目で説明した「指値注文」のやり方ですね。

一方、「逆指値」とは、「株が指定した金額以上になったら買い、指定した金額以下になったら売る」という注文のやり方です。

たとえば、１０００円で買った株がこれから値上がりする気配が見えたとき、「１１００円になったら買い増し」という注文を入れるのが逆指値です。

また、その株が下降トレンドに入りそうなので「９００円になったら売り」とするのも逆指値です。

相場の上昇やロスカットなどのタイミングを逃さない注文方法といえます。

不測の事態に対応する「逆指値付通常」

楽天証券など一部の証券会社では、この２つの方法以外に、通常注文と逆指値注文を同時に行う「逆指値付通常」という特殊な注文方法も用意しています。

この方法を使うと「１０００円の株が１１００円になったら売り」という通常注文と、「９００円になったら売り」という逆指値注文を同時に出すことができます。

この方法では、どちらかの注文が条件にヒットすれば、もう一方は自動的に無効となります。仕事中に株価が予想外の動きをしても対応できる、便利な注文方法です。

それぞれの特徴を覚えて、使いこなしましょう。

「通常」「逆指値」「逆指値付通常」株取引の注文の特徴とは？

①通常注文

・いまよりも安くなったら買う
・いまよりも高くなったら売る

→希望価格にならず売買が成立しないこともある

②逆指値注文

「〇〇円以上になったら買い」と逆指値注文しておけば、上昇トレンドを逃しません

・いまよりも高くなったら買う
・いまよりも安くなったら売る

→損切や利益確定の売りなどで使用する

③逆指値付通常注文

・①の「通常注文」と②の「逆指値注文」を同時に出す

【例】1000円の株が1100円に上がったら売り（通常）。
それと同時に、950円に下がったら売り（逆指値）の指示を出す。

→通常注文に加えて、損切、利益確定などができるので、予想外の株価の変動に対応しやすい！

逆指値付通常注文は「楽天証券」のほか、「マネックス証券」「auカブコム証券」「松井証券」「SBIネオトレード証券」「DMM.com証券」などでも行っています

※注文方法を詳しく知りたい方は各証券会社にお問い合わせください。

一生続けるためのルールとコツ その03

買い方はかんたん③
「数量」「執行条件」「口座区分」を押さえる

株の売買は100株単位 1株から買えるケースも

株の取引をするうえで、守らなければならないルールがいくつか存在しています。ここでそのルールを確認しておきましょう。

まずは株数の注文単位です。

株を買えば、株主として「配当金がもらえる」「株主優待がつく」「株主総会で議決権が行使できる」といった権利を得ることができます。それらの権利を得るためには、基本的に100株以上の株を所有する必要があります。

そうしたことから、株は100株の整数倍である100株、200株、300株という100株単位でしか売買できないものでした。

しかし、近年では100株未満で株を購入できる証券会社も出てきました。株主優待がつくケースもあるので、少額から投資を試してみたいという場合は検討するのもいいでしょう。

注文の執行条件、口座の種類も要チェック

注文を出せる期間にも決まりがあります。左の図をご覧ください。

「執行条件」とは、「成行」「指値」「逆指値」、それぞれの注文に「指定した条件を満たしたら、この注文を執行する」というタイミングのことです。

楽天証券では、「成行」「本日中」「今週中」「期間限定」「寄付《よりつき》」「引け」「不《ふ》成《なり》」「大引《おおびけ》不成《ふなり》」の8つの執行条件がありますが、それぞれ「執行条件」が異なっています。自分の出した注文がどのくらいの期間で執行されるのかを知っておく必要があるでしょう。

また、取引に使用する銀行口座にも「口座区分」というものがあります。

「口座区分」とは、「特定口座（源泉徴収ありとなし）」と、「一般口座」「NISA」の3種類の口座があります。

株式や投信で譲渡利益を得たら、確定申告をしなければなりません（利益が年間20万円以下ならば不要）。確定申告に不慣れな方は「特定口座（源泉徴収あり）」を選ぶといいでしょう。

株取引の基礎知識
数量、執行条件、口座区分とは？

数量

1単位100株なので、100の単位で注文。
100株、200株、300株……という単位になる
ただし、1株から買える証券会社も複数ある。

執行条件

「本日中」＝本日だけの注文
「今週中」＝今週だけの注文
「期間限定」＝週より長い期間出し続けられる注文
「寄付」＝寄付
＝引け
＝不成
＝大引不成
（以上）ほとんど利用しません

口座区分

「特定」＝特定口座で売買→源泉徴収ありの場合、確定申告しなくてOK
「一般」＝一般口座で売買→確定申告の必要があり、面倒
「NISA」＝NISA口座で売買→トータルで120万円までの売買では、この口座を利用するのが税務上お得

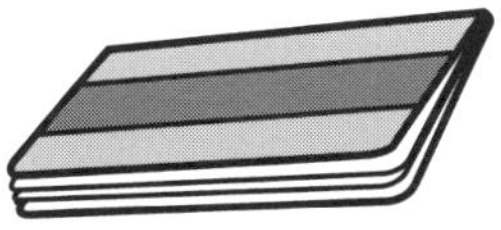

一生続けるためのルールとコツ その04

買い方はかんたん④「iSPEED」で株を買ってみよう

即座に取引が成立「成行」注文のやり方

では、楽天証券の「iSPEED」を使って実際に買い注文を出してみましょう。

すでに売買の注文には、「成行」と「指値」の2種類のやり方があることを学びました。まずは、「成行」による注文のやり方を見てみましょう。

「iSPEED」を立ち上げて「ログイン画面」→「検索」をタップして、買いたい銘柄もしくは証券コードをインプットします。

「注文」→「現物買い」をタップ→買いたい株の数量を入力して、「成行」をタップ。「取引暗証番号」を入力して、「確認画面へ」→注文内容がすべて正しいか、確認して→「注文する」→「閉じる」をタップ。注文状況が「約定」になっていたら、取引成立です！

約定するまでドキドキ「指値」注文のやり方

次に「指値」による注文のやり方を見てみましょう。

買いたい株の数量を入力するところまでは成行注文と同じで、今度は「指値」をタップ。

指値で購入希望額を入力し、続いて「取引暗証番号」を入力→「確認」→注文内容に間違いがないか、確認できたら、「注文する」→「閉じる」をタップします。

画面に注文状況が、現在、「執行中」であるという表示が現れました。

あなたが指定した指値にまで株価がまだいっていないため、取引が成立していない、つまり、まだ「約定」がなされていないということを意味しています。

その後、指定した指値に株価が到達すれば、取引が成立します。

成行、指値のいずれの場合も注意したいのが、注文内容を間違えないことです。とくに注文株数の桁を間違えて入力することがないよう、注文内容に関しては、確認を怠らないようにしましょう。

iSPEEDで株を買ってみよう

お気に入り銘柄画面

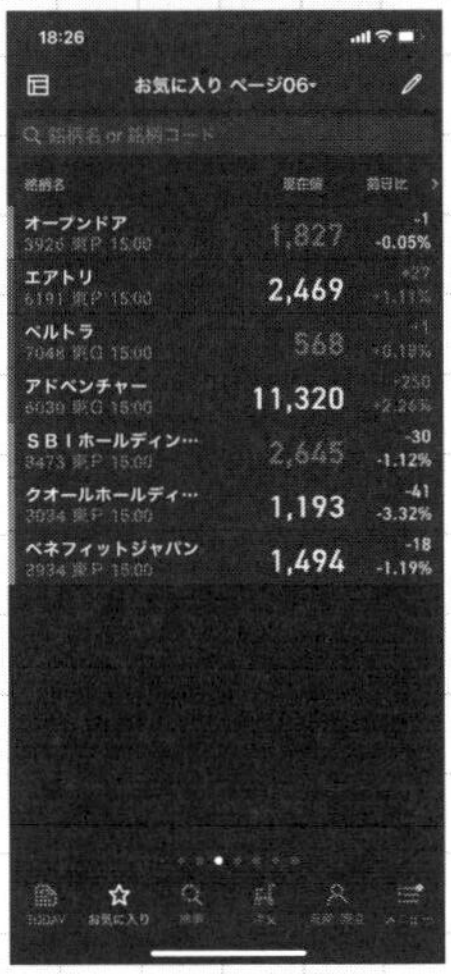

買いたい銘柄をタップ

成行注文　注文画面

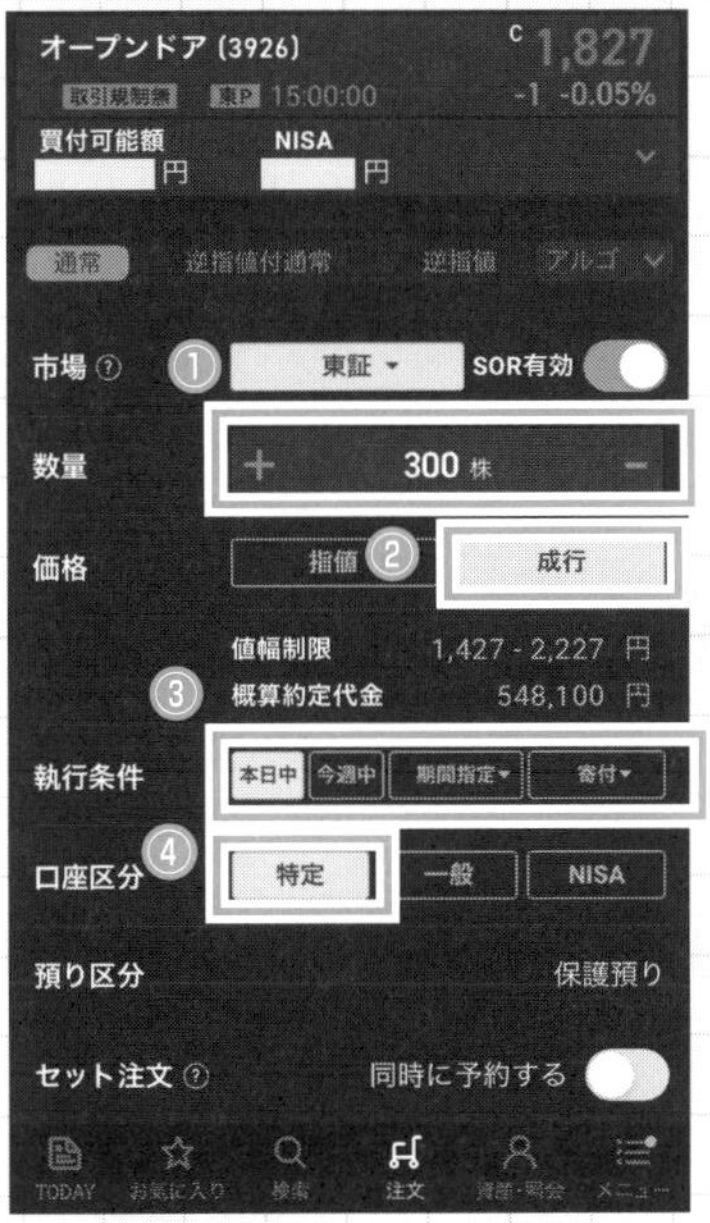

①株数入力
②成行を押す
③執行条件の入力
※成行は 本日中 指定
④ 特定 を押す

指値注文　注文画面

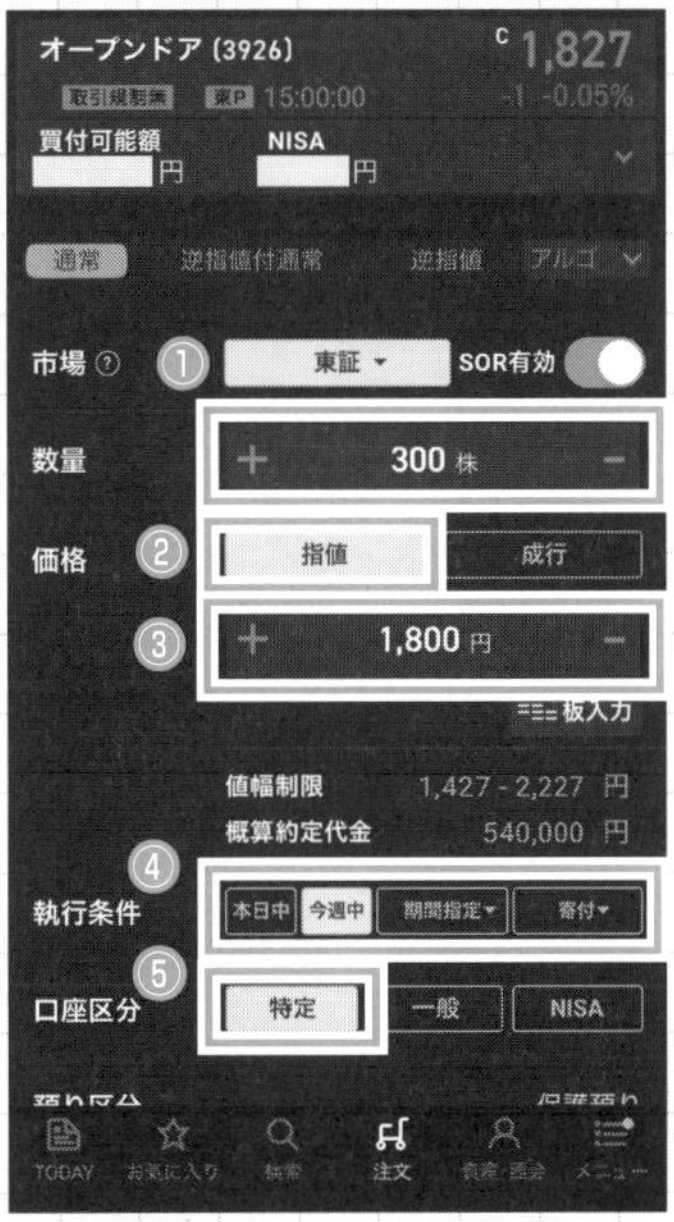

①株数入力　②指値を押す
③購入希望額を入力
④執行条件の入力
本日中 か 今週中 期間指定 を選ぶ。
期間指定は銘柄によって期間が異なる。
⑤ 特定 を押す

株式取引にある2つの種類

「現物取引」と「信用取引」

今、持っているお金だけで株を買って取引することを「現物取引」といいます。あなたが100万円お持ちだとして、「現物取引」なら、買える株は100万円分だけ。

これに対して、「信用取引」では、この100万円を「委託保証金」として証券会社に預けることによって、3倍の300万円まで株を買うことができるのです。これを「信用買い」といいます。信用取引では「持っていない株を先に売ってから、その後、株を買い戻す」ということが可能になります。これを「信用売り」、または「カラ売り」と言います。

株価が思惑通りに動けば、「信用取引」で利益は3倍になります。しかし、思惑が外れたら、損失も3倍になるわけです。初心者の方は「信用取引」には手を出さない方が無難です。

現物取引

リスクは
現金の額の範囲

信用取引

リスクは
現金の額の3倍

一生続けるためのルールとコツ その05

売り方はかんたん①
「売りのサイン」はどこにある？

ローソク足のヒゲに見る売り時のサイン

チャートを眺めながら、実際にどんな状況の時、「売り」のサインが出ているのかを確認してみましょう。

ここでは、「ローソク足」の「ヒゲ」と、「ボリンジャーバンド」を使用します。

左ページのチャートをご覧ください。長い「上ヒゲ」が確認できます。「ヒゲ」はその長短によって、高値圏や安値圏における「売りの圧力」と「買いの圧力」の力関係を把握することができます。

長い「上ヒゲ」は、一時、かなり買い進められたものの、その後、売り圧力にさらされて、株価が押し戻されてしまったことを表しています。

投資家たちが、「さすがにこの値段は高過ぎる」という不安にかられて、株を売却してしまった経緯を見て取ることができます。

長く上昇トレンドが続き、その後、長い上ヒゲが出現した場合、そのあたりが天井である可能性が高いということになります。

明確な「売りシグナル」です。

「ボリンジャーバンド」が発する「売りシグナル」

次に「ボリンジャーバンド」を見てみましょう。左ページをご覧ください。株価がボリンジャーバンドの＋3σの線を越えています。

この銘柄の株価が、移動平均線、つまり一定期間の平均価格から、統計的に高値方向に大きく偏移しているということが見て取れます。

これは明らかに「買われ過ぎ」の状態であると判断できます。買われ過ぎた株は、下方にある移動平均線に向かって回帰する可能性が高いので、この局面はやはり、「売りシグナル」であると判断できます。

株の売りシグナルを知らせてくれるローソク足とボリンジャーバンド。売り時を逃さないために、欠かさずチェックする癖をつけましょう。

売りのサインを探そう①
ローソク足とボリンジャーバンド

ローソク足の売りのサイン

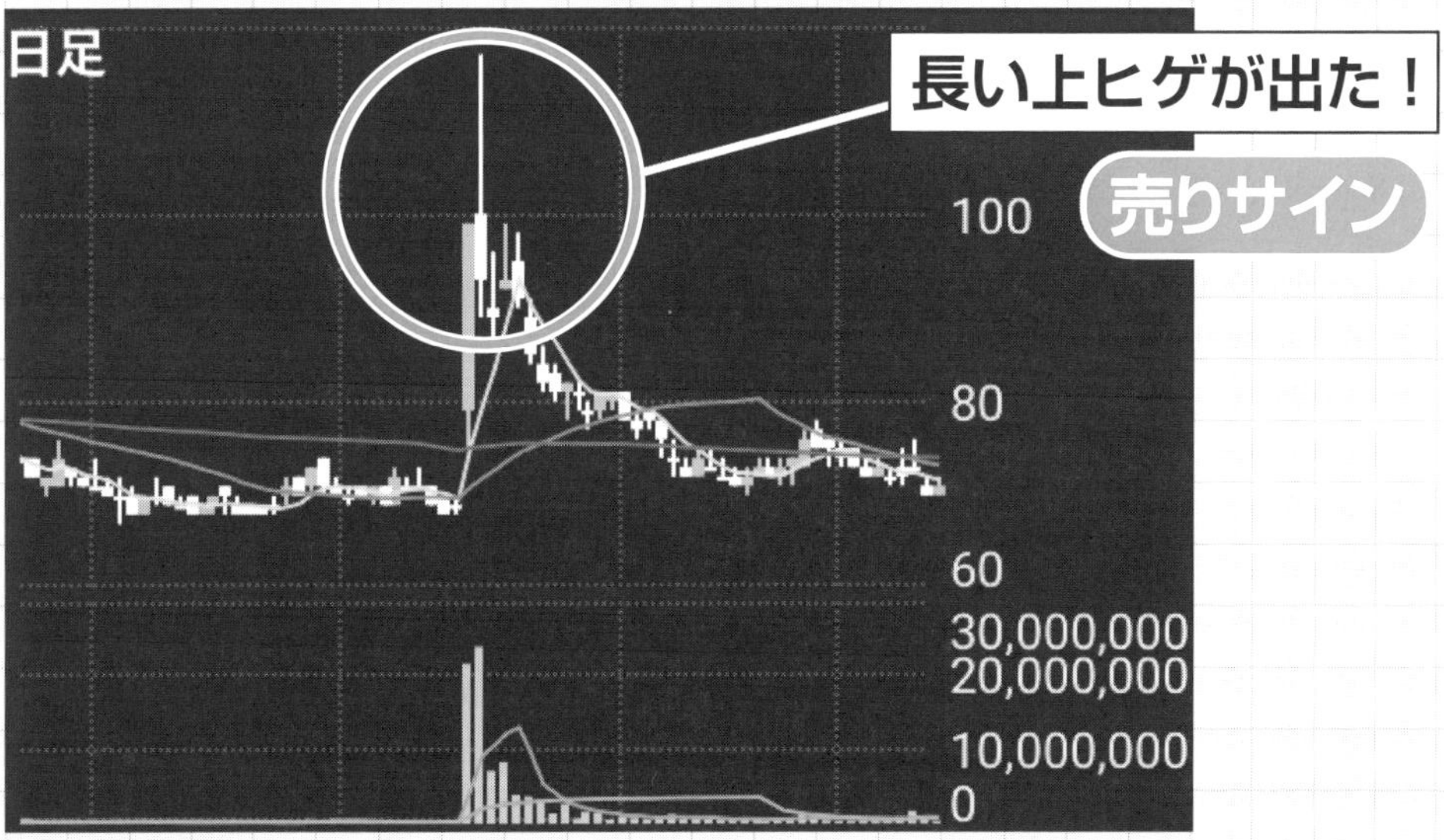

ボリンジャーバンドの売りのサイン

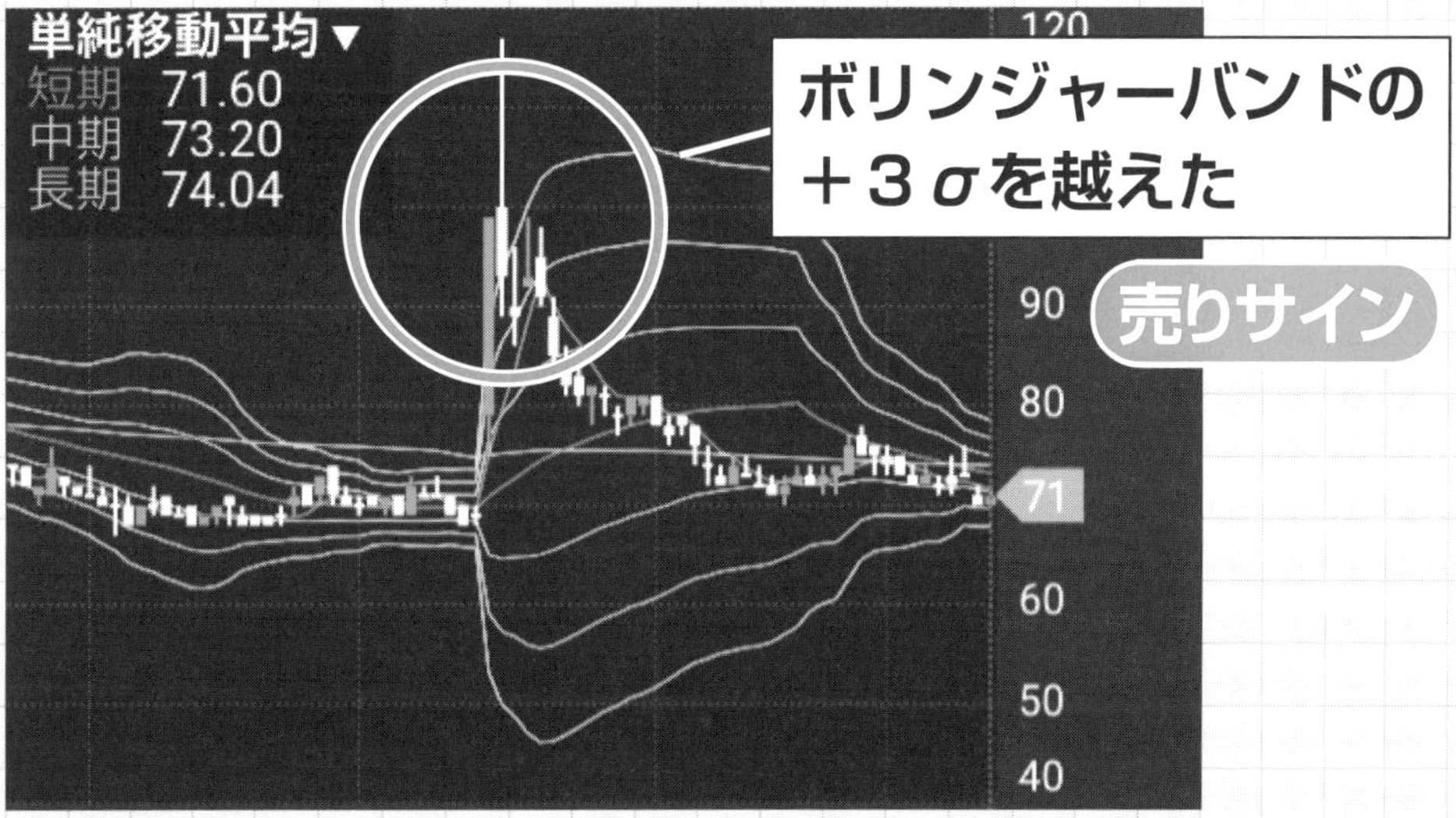

一生続けるためのルールとコツ その06

売り方はかんたん②
「ボリンジャーバンド」の売りシグナル

売買のエネルギーが拮抗「スクイーズ」に注目！

次は「ボリンジャーバンド」と「ストキャスティクス」を用いて、「売りシグナル」を探してみましょう。

左ページのチャートをご覧ください。6本のボリンジャーバンドが雑巾をギュッと絞るかのように、上下とも狭くなっているところがあります。前述の「スクイーズ」です。

これは買い圧力と売り圧力が均衡して、値動きが小さくなっていることを意味しています。売買のエネルギーが蓄積されている状態で、ひとたび、株価が動くと、上昇、下降、いずれにもトレンドが大きく走り始める可能性が高いのです。

それだけに極めて面白い局面であるといえます。スクイーズの状態から急に上昇が始まったら大きく上昇することが多いので、毎日チェックを欠かしてはいけません。

「ストキャスティクス」に重要なヒントがある

その時は同時に「ストキャスティクス」も確認しましょう。

「ストキャスティクス」は、RSI（日本語で「相対力指数」。価格上昇の強さを数値化した、オシレーター系のポピュラーな指標）と同じく、株の「買われ過ぎ」「売られ過ぎ」を判断するオシレーター系の指標です。100％に近いほど、現在のレートは「買われ過ぎ」、0％に近いほど、現在のレートは「売られ過ぎ」を意味しています。

左ページに掲載したストキャスティクスをご覧ください。

「％K」「％D」、ともに上部70％のゾーンにあります。明らかに「買われ過ぎ」です。

両面から判断して、この局面はやはり、「売りシグナル」であると解釈されます。

この2つのシグナルを見ていくと売買タイミングがシンプルになって便利です。

売りのサインを探そう②
ボリンジャーバンドとストキャスティクス

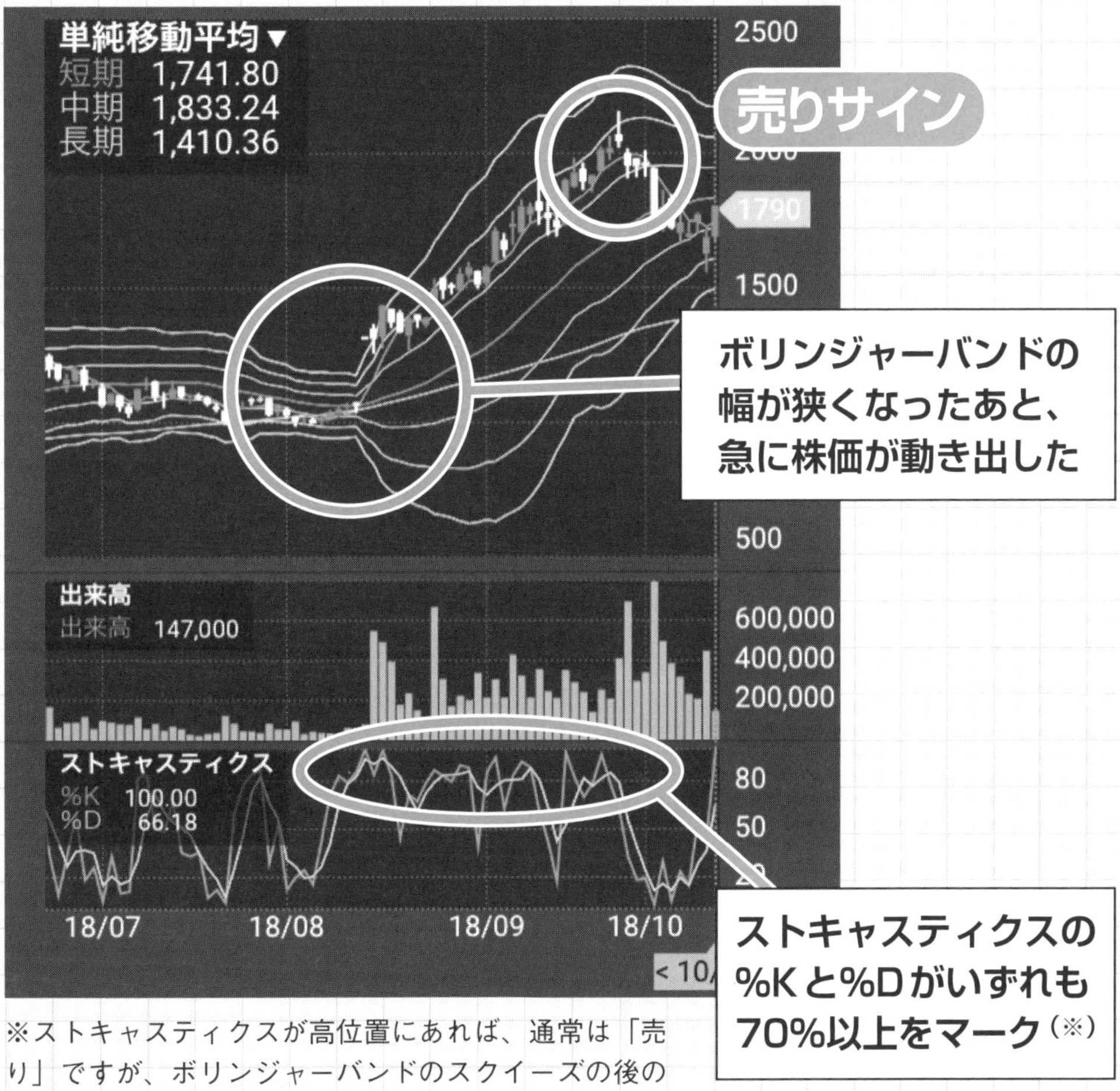

※ストキャスティクスが高位置にあれば、通常は「売り」ですが、ボリンジャーバンドのスクイーズの後の上昇中なので、このように様子を見ることがあります。

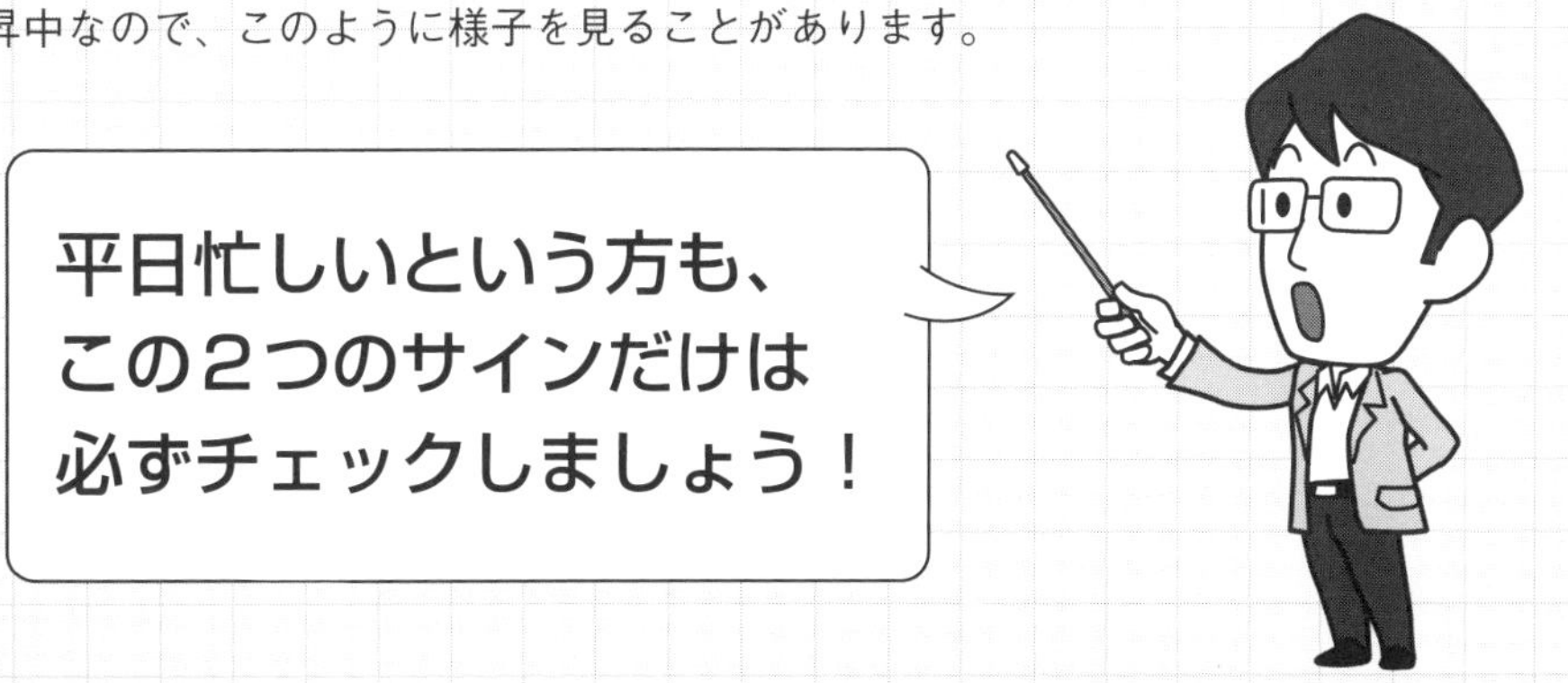

一生続けるためのルールとコツ その07

売り方はかんたん③「板」の売りシグナル

売買のパワーバランスを反映する「板」情報

「板」の見方を少しおさらいしましょう。

中央に「気配値(円)」、左側が「(売り数量)売り板」、右側が「(買い数量)買い板」です。

「板」を見れば、その銘柄のどの株価に、売りたい人がどれだけいるのか、買いたい人がどれだけいるのか、一目で分かります。

「板」情報を眺めて、売りたい人の注文数より、買いたい人の注文数がはるかに多ければ、その銘柄は今後上昇していくと判断できます。逆もまた同じです。

このように「板」は、買いたい勢力と売りたい勢力のパワーバランスを簡単明快に表しています。

「OVER」と「UNDER」は、表示されている価格帯の上下にも、買い注文・売り注文が出ているということです。

左ページの「板」では、「買い板」より、「売り板」の方がずっと厚くなっています。買いたい人より、売りたい人が多くて、より多数の売り注文が発せられているということです。

つまり、この先、この銘柄の株価は下落していく可能性が高いだろうということで、「売りシグナル」と見ることができます。

「板」情報を見る際、「成行」注文には要注意

ひとつだけ気を付けてほしいのは、「板」には「成行」の注文が反映されないということです。

値段を指定しない「成行」注文は、その注文が「板」情報に反映されるより早く、約定が成立してしまうことになるからです。

また、売買ともに注文数が少ない時、「成行」で注文を入れると、一気に値が動いて、思わぬ価格で約定してしまうことがあるので要注意です。

以上の2点に注意しつつ、「板」情報を活用しましょう。

売りのサインを探そう③
板情報の売りサイン

98000	OVER	
8700	5040	
9600	5035	
16000	5030	
25100	5025	
8000	5020	
10100	5015	
10600	5010	
5000	5005	
	5000	100
	4995	100
	4990	300
	4985	100
	4980	200
	4975	200
	4970	100
	4965	100
	4960	300
	UNDER	2500

売りサイン

明らかに買いの注文より売りの注文の方が多い

買いの注文は売りの注文と比べるとケタが圧倒的に少ない

一生続けるためのルールとコツ その08

売却のタイミングは「%」で設定 購入も売却も機械的にやろう

株で勝ちたければ、感情を捨てて「機械的」に

昔から、「株式投資は、買いよりも売りの方が何倍も難しい」といわれています。「株が10%上がったら、利益確定」「5%下がったら損切《そんぎり》※」、そんな自分なりのルールを決めて、トレードでは、感情を捨てて「機械的」にそのルールを守り続けることです。

お金があれば、株は買えますが、売る時には、「もっと儲かるかもしれない」「ここで損を出したくない」という心理が働いて、判断が難しくなるのです。予想通りに株価が動いていかなかったら、さっさと見切りをつけて、新しい銘柄に乗り換えた方が、精神衛生上、ずっと楽です。

しかし、分かっていても、これが難しい。「お金を失いたくない」という心理が働き、なかなか、損切に踏み切ることができないものです。

絶対にマスターしたい「損切」という手法

「プロスペクト理論」ということばがあります。行動経済学者ダニエル・カーネマンとエイモス・トベルスキーが、1979年に提唱した学説です。「プロスペクト理論」によれば、人は利益が得られそうな局面ではリスクを回避し、逆に損失が出そうな局面ではリスクを冒す傾向にあるとされます。

かつて、「個人投資家の場合、損切など必要ない」と明言した評論家がいました。しかし、それは10年、ホールドすれば、株価が2倍、3倍になった高度成長期だから通用したことです。

低成長の時代、かつての経済の拡大は期待できません。株価下落の速度もずっと速くなっています。

だからこそ、「○%下落したら、損切」というマイルールに従って、潔くその銘柄を手放し、資金をほかの有望な銘柄に投資する方がずっと有利であるといえます。トータルで収益のプラスを出すために「損切」という手法は絶対、マスターしましょう。

※損失が生じている株を見切って売却すること。

投資の鉄則「自分のルール」

売り時のルールを設定

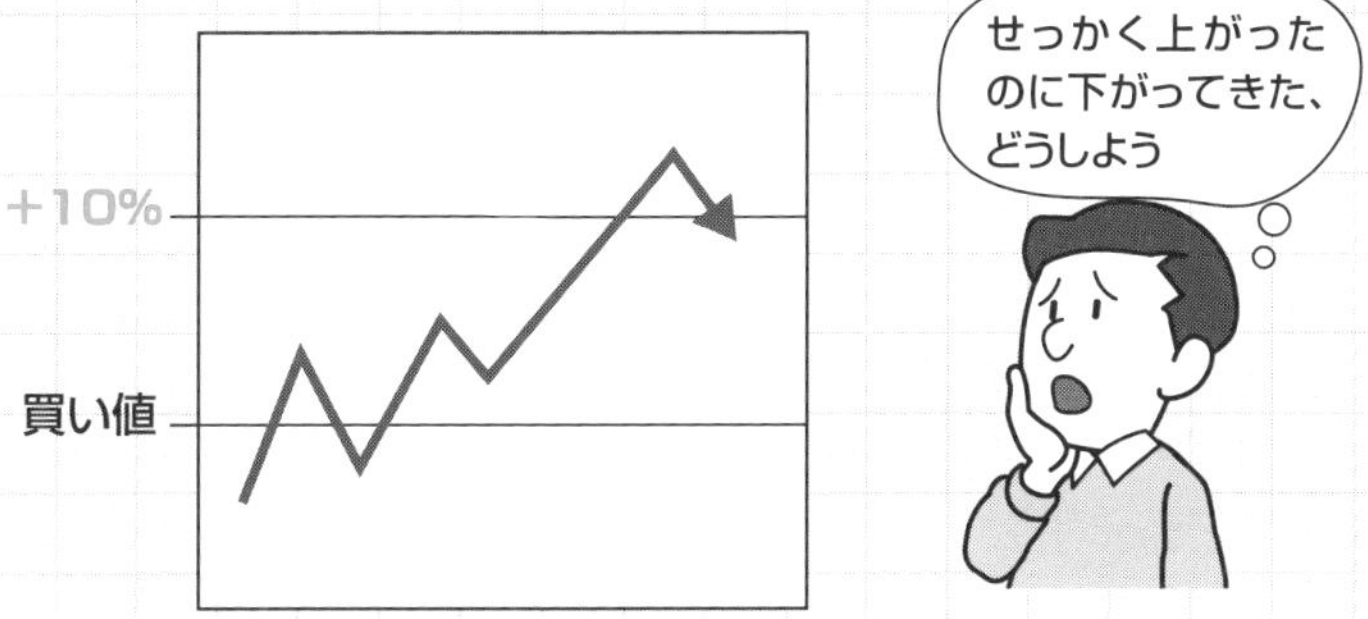
+10%
買い値
せっかく上がったのに下がってきた、どうしよう

勝つために！

自分のルール
+10%で
売却

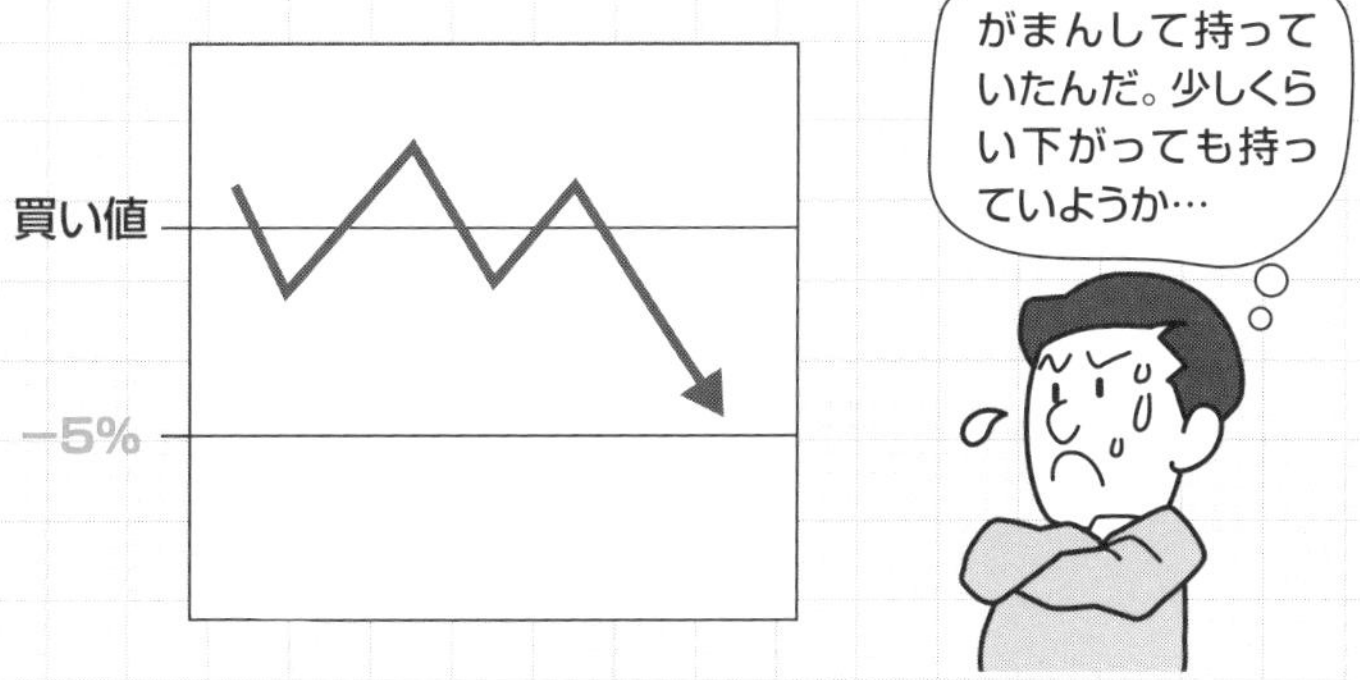
買い値
−5%
がまんして持っていたんだ。少しくらい下がっても持っていようか…

大損しないために！

自分のルール
−5%で
売却

損切のルールを決めないと…

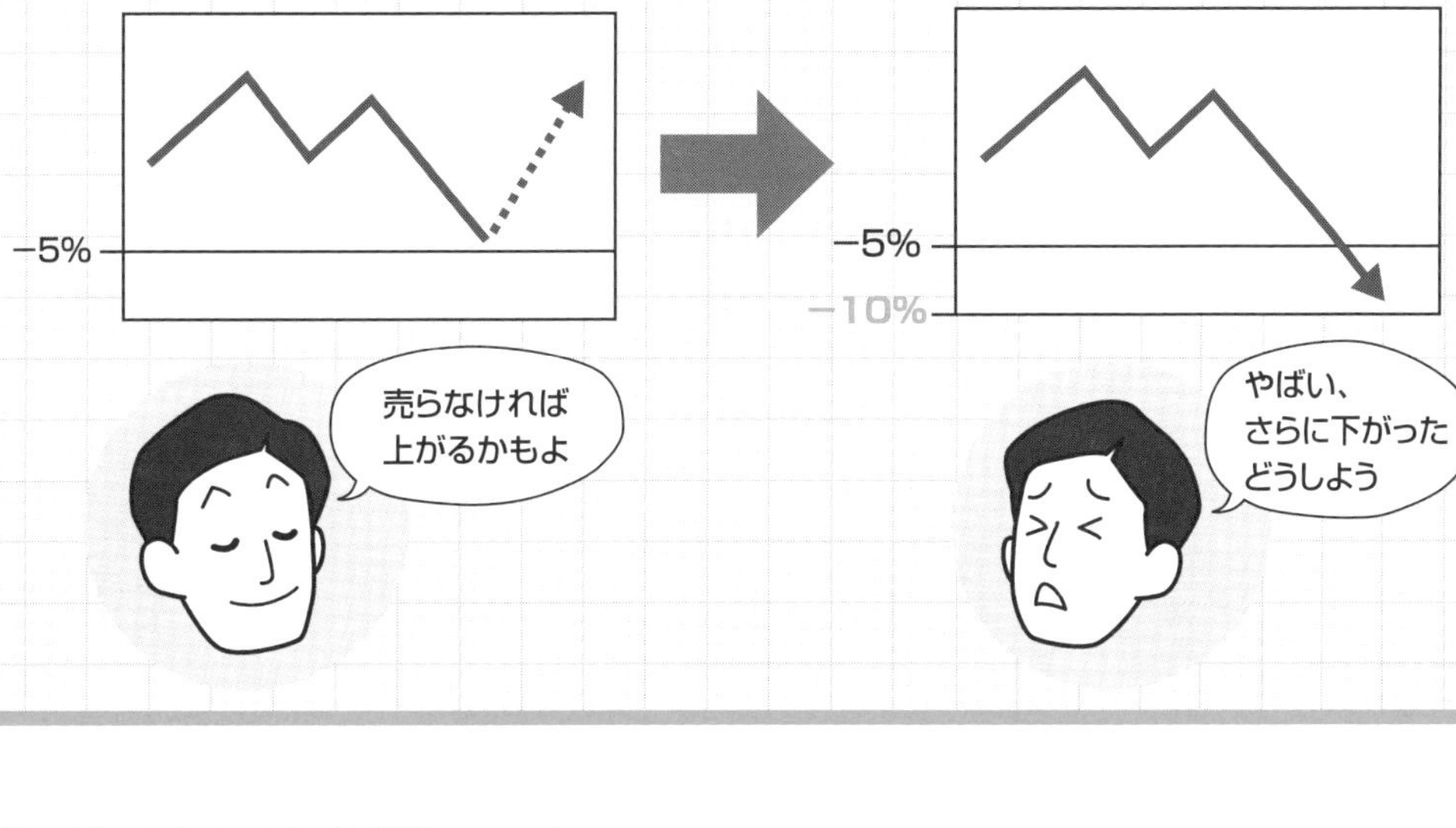
−5%
売らなければ上がるかもよ
−5%
−10%
やばい、さらに下がったどうしよう

一生続けるためのルールとコツ その09

売買はスマホに任せて仕事をしよう!
「逆指値付通常注文」を賢く使って取引

昼間働く人の強い味方「逆指値付通常注文」

本書を読んでくださっている方の多くは、昼間は会社などに勤務していると思います。仕事中は当然株のチャートなどをチェックするヒマはありません。でも、そんな時に相場を大きく左右する出来事が起きてしまったら……。そこでお勧めなのが、70ページで紹介した「逆指値付通常注文」です。

すでに説明した通り、「逆指値付通常注文」は、「指値」と「逆指値」を組み合わせて発注するやり方です。「〇〇円以上で売り」「〇〇円以下で買い」という通常の指値注文に併せて、「〇〇円まで下落したら売り」「〇〇円まで上昇したら買い」という逆指値注文を同時に出すことができます。

売り注文の場合、その銘柄が指値まで上昇したら注文が執行され売却できる一方、逆指値まで下落したら注文が執行されて売却できます。

「逆指値付通常注文」が役に立つ場面とは?

たとえば、あなたが株価５００円の銘柄を保有しているとして、６００円に上昇したら売ってもいい、一方で下落するようなら４００円で損切したいと考えているとします。

そんな時、「逆指値付通常注文」を使います。

まず、「６００円で売却」という指値注文を出しておきます。その一方で「４００円まで下落したら、成行で売却」という逆指値の注文を同時に出しておくのです。そうすれば、株価が上昇して６００円になったら、６００円で売れるし、逆に４００円まで下落してしまったら、「４００円で売却」という逆指値注文が執行されて損切することができるわけです。

「利益確定の売り注文」と「損切の売り注文」を同時に出すことができる、とても便利な「逆指値付通常注文」。この注文方法を使えば、株の売買をスマホに任せて本業に集中することができるわけです。

「逆指値付通常注文」で安心
スマホを使った自動売買のススメ

買値の－5％が目安

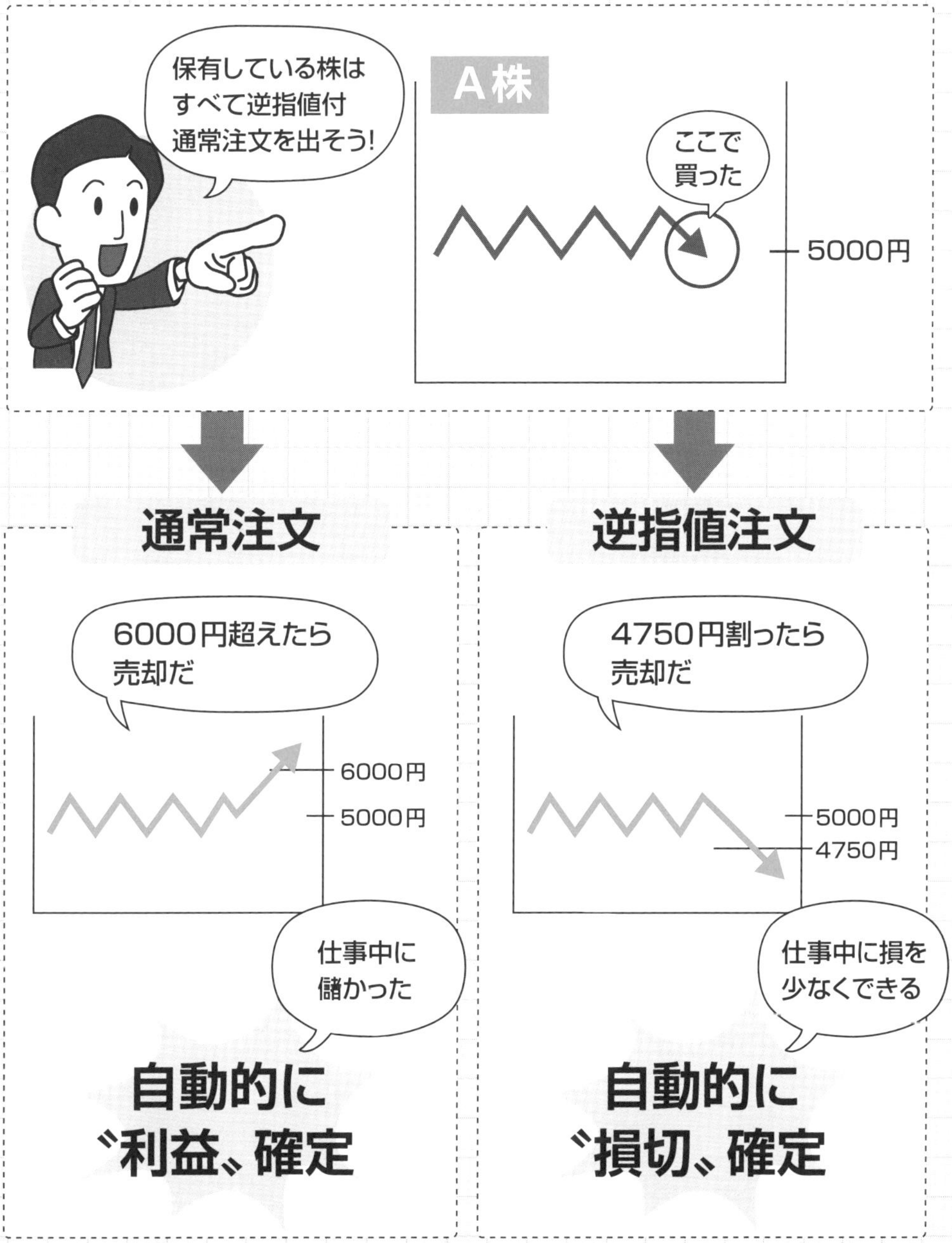

保有している株は
すべて逆指値付
通常注文を出そう!
A株
ここで
買った
5000円
通常注文
6000円超えたら
売却だ
6000円
5000円
仕事中に
儲かった
自動的に
〝利益〟確定
逆指値注文
4750円割ったら
売却だ
5000円
4750円
仕事中に損を
少なくできる
自動的に
〝損切〟確定

一生続けるためのルールとコツ その10

売買益は嬉しい、配当・優待は楽しい 利回り4％以上の高配当＆優待付き銘柄

銀行預金よりも有利、4％を超える高配当も！

株式投資の最大のだいご味は売買益、つまり、キャピタルゲインを得ることです。

しかし、株式投資には他にも「配当金（インカムゲイン）を受ける」、「株主優待というおまけをもらう」という楽しみがあります。

「配当金」は会社によって異なりますが、保有株の数％もつくところがあります。この超低金利の時代、その数値はかなり魅力的です。

たとえば、大手銀行の普通預金の金利は0・001％です。これは100万円預けても、利子はたったの10円という金利です。

一方、株の場合は、配当が4％を超えるものもあります。これは100万円分の株を持っていれば、4万円ほどの配当を受け取ることができるということです。銀行の金利に比べれば、かなり有利だといえるでしょう。

「株主優待」も株式投資のメリットのひとつ

そして株主優待。

株主は、自社製品や割引券、サービスを受けることができます。100株以上、1000株以上と保有している株が多くなれば、それだけ優待の内容も豪華になります。

たとえば、ユニカフェ（2597）ならば、100株以上で2000円相当、1000株以上で3000円相当の「自社コーヒー製品詰め合わせ」がもらえます。

しかし、配当・株主優待はおまけと考えた方がいいでしょう。銘柄選定の本質は、あくまで売買益（キャピタルゲイン）を狙うことです。ちなみに「増配（配当金が増える）」は、買いシグナルです。

某有名投資家は、「株主優待に力を入れる企業は良い会社だから、指標を見て良好ならば買うことにしている」といっていますが、それも個々の投資ルールということになります。

利回り4%以上の高配当&優待付き銘柄

■利回り4%以上の高配当株

※データはすべて2022年11月8日時点

コード	銘柄名	市場	株価	利回り
9101	日本郵船	東証プライム	2,646円	18.26%
9104	商船三井	東証プライム	3,020円	13.24%
9308	乾汽船	東証スタンダード	1,903円	11.77%
9107	川崎汽船	東証プライム	2,440円	8.20%
5208	有沢製作所	東証プライム	1,212円	7.84%
9110	NSユナイテッド海運	東証プライム	3,680円	7.74%
1852	淺沼組	東証プライム	2,825円	6.42%
1820	西松建設	東証プライム	3,680円	6.01%
1814	大末建設	東証プライム	1,171円	5.12%
2914	日本たばこ産業(JT)	東証プライム	2,804円	4.99%

■株主優待を出している10万円以下の主な銘柄

コード	銘柄名	必要株数	購入必要額	権利確定月	優待内容
3073	DDホールディングス	100株	61,000円	2月	株主優待券(飲食店6000円相当)
9760	進学会ホールディングス	100株	30,300円	3月	クオカード、株主優待券
7602	カーチスホールディングス	100株	20,700円	3月	株主優待券
4745	東京個別指導学院	100株	52,400円	2月	カタログギフト
8016	オンワードホールディングス	100株	31,000円	2月	自社グループ商品、優待割引券
7524	マルシェ	100株	39,900円	9月	優待食事券
7618	ピーシーデポコーポレーション	100株	26,400円	3月	買い物または技術サービス優待券
2597	ユニカフェ	100株	94,500円	12月	自社製品詰め合わせ
3546	アレンザホールディングス	100株	94,900円	2月	JCBギフト券
5956	トーソー	100株	49,800円	3月	図書カード
3814	アルファクス・フード・システム	100株	36,100円	9月	自社ホテル宿泊券
9475	昭文社ホールディングス	100株	29,500円	3月	自社出版物
4765	モーニングスター	100株	46,300円	3・9月	自社投資情報、暗号資産
1780	ヤマウラ	100株	98,700円	3月	地域特産品
2340	極楽湯ホールディングス	100株	21,000円	9月	自社無料入浴券(4枚)

一生続けるためのルールとコツ
その11

長期保有か、それとも少しずつ買い増すか 投資は自分に合ったスタイルで！

株を長期間ホールドする「長期投資」のメリット

日中仕事をされている方が、短期の値動きに右往左往せず、精神的にも安定を保ち、夜、投資の戦略を練ることができるのは、やはり、1~2週間程度をスパンとした「スイングトレード」であると考えます。

「5％の損が発生したら、潔く損切り」「残った資金で別の銘柄を購入」「その銘柄が5％以上、上昇したら売却して利益確定」「株取引は6勝4敗でいい。トータルで利益が出ればそれでよし」など、自分なりの投資ルールを設定し、コツコツ小さな売却益を積み上げていく方が、より賢明で楽しいトレードになると思います。

ただ、株を長期ホールドするメリットもあります。長期投資は、その会社の成長をじっくり見守るという投資スタンスなので、短期的な値動きに一喜一憂する必要がありません。株を長期にホールドするなら、ファンダメンタル分析を行って、大型株で配当金の多い銘柄を選ぶといいでしょう。

大型株は値動きは小さいけど、それだけ経営が安定して倒産の心配がありません。

加えて、優待というおまけもついてくるなら、銀行金利よりずっと有利です。企業の業績をチェックして、昨年の業績、今年の業績、来年の業績予想、この3年間の数字が増加する会社がベターであると思います。証券市場を取り巻く経済状況があまり芳しくなく、積極的に売買する材料に乏しい時、大型優良株の長期ホールドは、魅力的な投資スタイルであるといえます。

ある銘柄を500株、買いたいという時、一気に500株全部を買うのではなく、100株を5回に分けて買うというやり方もあります。株価とは予想通りにはいかないもの。買ってすぐに株価が上昇しなくても、様子を見ながら、細かく買いを繰り返すというやり方です。ネット証券の場合、取引手数料が安くなっていますので、こんなやり方が可能となることを覚えておくといいでしょう。

長期保有、分散しての購入もOK

長期投資に向く銘柄とは？

どんな銘柄が
長期投資
に向いているの？

①今の時代に合った業種で業績が右肩上がり

②配当利回りが高い

③株主優待を実施している

分散購入もＯＫ

ココで一気に勝負！

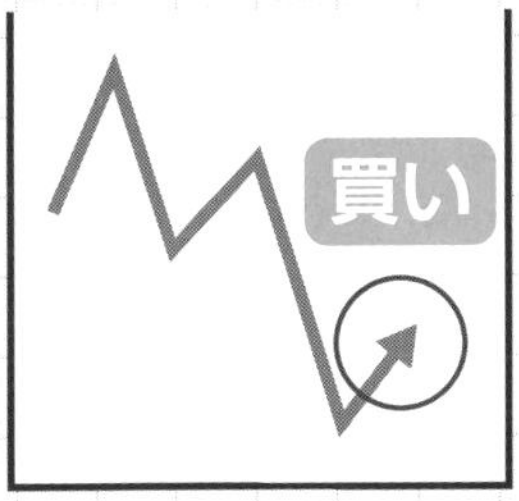

株の買い方は
人それぞれ

何回にも分けて購入！

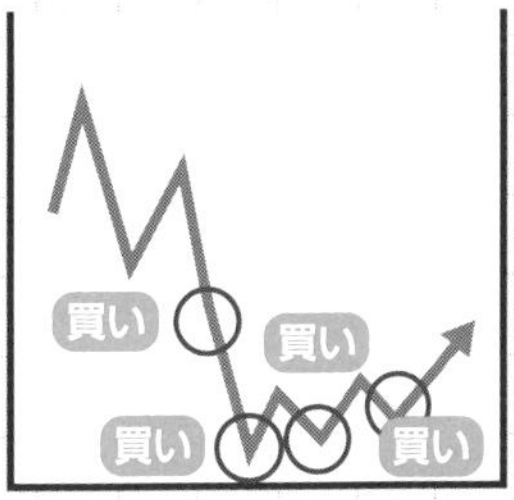

機関投資家

毎日市場と戦うのが仕事

↓

全営業日稼働

個人投資家

本業の仕事
家事の合間に
する投資

↓

投資を
休んでもOK

調子が悪い時はあえて休むのもひとつ
「休むも相場」の精神で…

株式相場には、昔からいろいろな格言が存在します。その中で、私たち個人投資家が最も肝に銘じるべき金言は、「休むも相場」です。

株の投資家には、2種類あります。ひとつは我々、個人投資家。もうひとつは、機関投資家と呼ばれる「株のプロ」たちです。

機関投資家は、投資が仕事ですので、常に相場を張り続けなければなりません。これに対して個人投資家は勝てる見込みの高い相場がくるまで、投資のタイミングを待ち続けることができます。

日経平均が下げ基調で地合いが思わしくない。そんな時はチャートを見ない日を作るのもいいでしょう。株式投資には気分転換も必要です。

一生続けるためのルールとコツ その12

日本株以外にも広がる投資の世界

外国株、ETF、REITも買ってみる

スマホ一台で外国株の取引も可能

スマホアプリを使えば、日本語だけで外国株の取り引きが可能です。

現在、外国株を取り扱っている大手ネット証券のトップ5は、「楽天証券」「ＳＢＩ証券」「マネックス証券」「DMM.com 証券」「松井証券」になります。

日本語で日本株の取り引きを行うのと同じく、日本語で外国株の取引ができます。特に「ＳＢＩ証券」は、ネット証券最多の９か国の外国株に対応、米国株だけでも５０００銘柄超という商品数を誇っています。

「ＥＴＦ（上場投資信託）」とは、証券市場で売買されている投資信託のことです。

「ＥＴＦ」が通常の投資信託と異なるのは、証券取引所に上場されていること。つまり、投資家が自由に売買できる金融商品であるということです。当然、「成行」「指値」で売買できるのは、株と同じです。

ＥＴＦは個別銘柄ではなく、日経平均や石油、インド株といったジャンルに一括して投資したい時、大変便利です。

「ＲＥＩＴ」にも投資可能 スマホ投資の広がる世界

「ＲＥＩＴ《リート》」とは、投資家からお金を集めて不動産に投資し、不動産から上がった収益を利益として分配する投資商品です。

投資家から集めた資金は、オフィスビルや賃貸住宅、ホテル、倉庫などの産業・物流施設に投下し、それら不動産投資から得られた収益を投資家に還元するのです。

銀行の金利よりずっと高い利回りを期待できますが、配当時期に合わせて大きく売買される傾向にあるので、配当時期と年間チャートを見比べて買ってみるのも面白いでしょう。

国内の株式だけでなく、海外の金融商品にも投資ができる。スマホ投資は世界にも広がっているのです。

外国株やETF、リートにも挑戦してみよう！

外国株

- 米国株
- 中国株
- ヨーロッパ圏市場の株
- タイ株
- インド株（ADR※）など

→ さまざまな国の株

※ADR＝米国預託証券。この場合は、米国市場に上場している証券。

ETF

- 石油、天然ガス関係
- 金属関係（金、銀、銅、パラジウム他）
- 銀行や機械など業種別
- 米国、中国、インドなど

→ テーマ別の投資信託

リート

- オフィスビル
- 民間賃貸住宅
- 商業施設、物流施設
- ホテルなど

→ 不動産投資信託

海外株や不動産への投資に興味があるなら便利です

一生続けるためのルールとコツ その13

NISA、積み立てNISA、ジュニアNISA… NISA口座も賢く使おう

非課税で投資ができる「NISA口座」

税金を払うのって、いやですよね。株の売却益（キャピタルゲイン）にも配当（インカムゲイン）にも、20％の税金がかかってきます。

この株や投信の投資金額に一定の非課税枠を設けたのが、「NISA《ニーサ》（少額投資非課税制度）」です。初めての投資で、少額の資金からスタートするなら、この「税金を支払わないシステム」を活用するべきです。

NISAにはさまざまな制限があります。まず、NISAを開設できるのは、1人につきひとつの口座だけ。すでにその証券会社に口座を持っていても、新たに開設しなければなりません。年間の非課税枠も120万円までで、非課税期間は5年（2022年11月現在）。毎年、非課税枠が更新されるので、最大600万円までの投資額を非課税枠とすることができます。

未成年者のための「ジュニアNISA制度」

これに対して、「つみたてNISA」では、株の代わりに投資信託を運用します。投資信託は、資金をプロが運用するもので、「分散投資」や「少額から投資できる」というメリットがあります。つみたてNISAの投資額の上限は、年間40万円までです。

NISA適用には20歳以上（現在は18歳以上）という条件があったのですが、2016年から、0歳から17歳が利用できる「ジュニアNISA」※がスタートしました。未成年者もNISAの恩恵を受けることができるようになったわけです。ジュニアNISAでは投資資金の年間の上限が80万円までに設定されています。また、保護者が同じ証券会社に口座を保有していることが条件となっています。

非課税は投資家にとってメリットでしかありません。賢くNISAを使いましょう。

※2023年末に制度廃止予定ですが、口座開設した方は継続利用できる予定なので、駆け込み需要が増えています。

「NISA」ってどんなもの？

株式売買利益にかかる20%の税金がかからない制度。

1人1口座のみ

たとえば楽天証券でNISAを申し込んだら、他の証券会社では申し込めません。ですから取引が多い証券会社で申し込むのがベター。

NISA
申し込み
1人1口座

- A証券　OK！
- B証券　NO！
- C証券　NO！

1年間で120万円までの投資額が対象

たとえば、A株を10万円、B株を10万円と細かくNISAの口座で買っていき、投資額が120万円になるまで使えます。A株10万円を12回売買をしても同じです。

A株10万円分買い → 11万円で売り → 1万円の利益に対して2000円課税 → NISA口座なら2000円を払わなくてすむ！

5年間最大600万円までの投資金額の利益が非課税

毎年120万円分の株を買って5年間分売却しなかったら、合計600万円までの投資金額の利益にかかる税金が免除されます。

1年目から5年目まで毎年120万円ずつ買い → 5年目で100万円の利益が出たら20万円の課税 → NISA口座なら20万円を払わなくてすむ

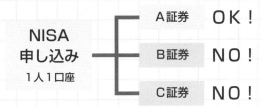

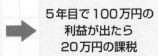

一生続けるためのルールとコツ　その14

株で利益を出したら税金がかかります
証券税制と確定申告の基礎知識

証券会社の口座にはいくつか種類がある

さきほどの項目でも触れましたが、株式を売却して得られた利益には、税金（所得税と住民税など）がかかってきます。年間20万円以上の利益が発生したなら、税務署で確定申告することが必要になってきます。

証券会社の口座には2種類あります。ひとつは「一般口座」、もうひとつは「特定口座」です。

「特定口座」には、「源泉徴収なし」と「源泉徴収あり」の2種類があります。

「源泉徴収なし」の場合は、証券会社が作成してくれた年間取引報告書をもとに、あなたが確定申告をします。

自営業者やフリーランサーにはあたりまえですが、会社が源泉徴収してくれる会社員の方々には、これがなじみがなくて手間のかかるもの。特別な事情がなければ、証券会社に口座を作る際は「特定口座　源泉徴収あり」を選択しておくといいでしょう。

証券会社の口座は途中で変更することもできますが、変更は翌年以降の対応となります。

確定申告をすれば税金が戻ってくることもある

確定申告をすることで、税金が戻ってくるケースもあります。

もし、持ち株の株価が下落して損失が出た時、確定申告をすれば、払い過ぎた税金を取り戻すことができます。

また、確定申告で、その年に出た損失を翌年から3年間、売却益と通算することも可能です。期間は3年間だけですが、損益を通算できた分だけ、翌年以降の売却益にかかってくる税金を安くすることができます。

前項で紹介したＮＩＳＡ（少額投資非課税制度）を使えば、年間１２０万円までの投資額にかかる税金をゼロにすることが可能です。

のちのち慌てることのないよう、税金のことはしっかり頭に入れておきましょう。

会社員なら特定口座が便利！

証券会社の口座の種類

一般口座 → 投資家が何から何まで自分で確定申告

特定口座
- 源泉徴収なし → 損益計算書は証券会社が作成も、投資家が自分で確定申告
- 源泉徴収あり → 証券会社がタダで税務処理

損失と売却益は通算できる

株の売買で損失が出たら ― 翌年から３年間の間で投資を続ける予定なら確定申告 → 損失を売却益と通算できる

（例）

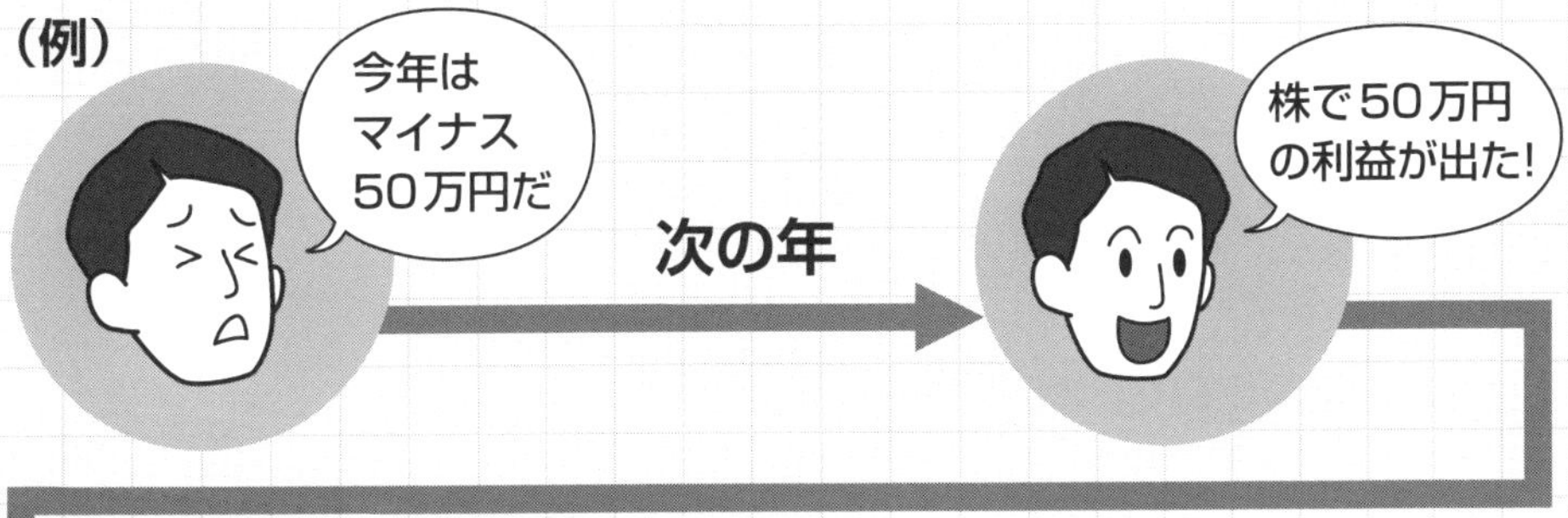

今年はマイナス50万円だ
次の年
株で50万円の利益が出た!

確定申告していない場合

→ 50万円の利益×所得税20%＝10万円の納税

確定申告した場合

→ 50万円の利益－前年の50万円の損失＝0円（納税なし）

【著者紹介】

矢久 仁史（やく・ひとし）

1962年東京都生まれ。大学卒業後、都内のメーカーに勤務し、現在営業企画部部長。お金の神様といわれた邱永漢氏（故人）の大ファンで株式投資歴は35年以上。投資対象は日本、中国、アメリカ、インド、タイ、ベトナムなどの現物株や投資信託、外貨、債券、仮想通貨、金銀白金、不動産、保険など幅広い。

旅行が好きで、大学時代は「野宿研究会」という大学のサークルに所属し、国内ではヒッチハイクと野宿で全国を周り、海外のさまざまな国をバックパッカーとなって放浪。現在でも年に４～５回は海外生活を楽しんでおり、趣味の旅行、ゴルフの費用はすべて株式投資の利益でまかなっている。現在、投資で築いた資産で海外と日本の２拠点生活を夫婦で行っている。

主な著書に『株で３億稼いだサラリーマンが息子に教えた投資術』（双葉社）、『資産をガッチリ増やす！ 超かんたん「スマホ」株式投資術』『資産をもっとガッチリ増やす！　超かんたん「スマホ」株式投資術【実践編】』（彩図社）、『人生100年時代！ 一番やさしい失敗しない投資入門』『アナログで管理する ID ＆パスワードノート』（河出書房新社）、『Ｔポイントで株式投資』（主婦の友社）がある。

構成：小柳順治
イラスト：なんばきび
協力：楽天証券株式会社

資産をがっちり増やす！

【図解】超かんたん「スマホ」株式投資術

2023年1月23日　第1刷

著　者　矢久仁史
発行人　山田有司
発行所　株式会社　彩図社
東京都豊島区南大塚3-24-4
MTビル　〒170-0005
TEL:03-5985-8213　FAX:03-5985-8224
印刷所　シナノ印刷株式会社
U R L　https://www.saiz.co.jp
Twitter　https://twitter.com/saiz_sha

本書は2018年11月に小社より出版した『資産をがっちり増やす！　超かんたん「スマホ」株式投資術』を加筆・修正のうえ、再編集したものです。